Wolfgang Huber

„Es geht vielmehr um eine Lebenshaltung“

Wolfgang Huber

„Es geht vielmehr um eine Lebenshaltung“

Wolfgang Huber im wissenschaftsbiographischen Gespräch mit Christian Albrecht, Reiner Anselm und Hans Michael Heinig

Mohr Siebeck

Wolfgang Huber, geboren 1942; Bischof i.R. der Evangelischen Kirche Berlin-Brandenburg-schlesische Oberlausitz und Honorarprofessor an der Theologischen Fakultät der Humboldt-Universität Berlin.

Christian Albrecht, geboren 1961; Professor für Praktische Theologie an der Evangelisch-Theologischen Fakultät der Ludwig-Maximilians-Universität München.

Reiner Anselm, geboren 1965; Professor für Systematische Theologie mit Schwerpunkt Ethik an der Evangelisch-Theologischen Fakultät der Ludwig-Maximilians-Universität München.

Hans Michael Heinig, geboren 1971; Professor für Öffentliches Recht, insb. Kirchen- und Staatskirchenrecht an der Juristischen Fakultät der Georg-August-Universität Göttingen und Leiter des Kirchenrechtlichen Instituts der EKD.

ISBN 978-3-16-161494-1 eISBN 978-3-16-161495-8
DOI 10.1628/978-3-16-161495-8

Die Deutsche Nationalbibliothek verzeichnet diese Publikation in der Deutschen Nationalbibliographie; detaillierte bibliographische Daten sind im Internet über *http://dnb.dnb.de* abrufbar.

Das Buch wurde von Gulde Druck in Tübingen gesetzt, auf alterungsbeständiges Werkdruckpapier gedruckt und gebunden.

Printed in Germany.

Vorwort

Wolfgang Huber, der am 12. August 2022 seinen achtzigsten Geburtstag feiert, hat den Protestantismus in der Bundesrepublik Deutschland in unterschiedlichen Funktionen geprägt. Als Professor für Systematische Theologie in Marburg und Heidelberg von 1980 bis 1994 trieb er die Etablierung der Ethik als einer eigenständig profilierten theologischen Disziplin insbesondere angesichts der zeitgenössischen friedensethischen und bioethischen Herausforderungen mit voran und setzte sich dafür ein, dass die Positionen des evangelischen Christentums Gehör fanden auch außerhalb des engen Kreises der unmittelbar an den Debatten Beteiligten. Als Präsident des Deutschen Evangelischen Kirchentages von 1983 bis 1985 engagierte er sich mit Nachdruck dafür, den politischen Charakter des Kirchentages als Konsequenz aus dessen religiöser Verankerung deutlich zu machen. Als Bischof der Evangelischen Kirche Berlin-Brandenburg-schlesische Oberlausitz von 1993 bis 2009 moderierte er das Zusammenwachsen westlicher und östlicher Teile der Evangelischen Kirche an zentraler Stelle. Als Vorsitzender des Rates der EKD von 2003 bis 2009 nutzte er die ihm damit zur Verfügung stehenden Möglichkeiten, auf der politischen Ebene praktisch einzustehen für seine theologischen Überzeugungen. Und als theologischer Schriftsteller hat er nicht nur die fachwissenschaftlichen Debatten vorangetrieben, sondern mit vielen Veröffentlichungen auch dafür gesorgt, dass Einstellungen und Einsichten des evangelischen Christentums einem breiteren interessierten Publikum verständlich und vertraut werden konnten.

An keiner Stelle und in keiner Funktion hat Wolfgang Huber sich damit zufriedengegeben, in kleinen, abgezirkelten Kreisen aktiv zu werden. Wo und wie auch immer er tätig war, verfolgte er beständig das Ziel, Verbindungen ins Weite zu ziehen: aus der Theologie in die Kirche und in die Gesellschaft; aus der Kirche in die Theologie und in die Politik, aus der fachwissenschaftlichen Expertise in die gesellschaftlichen Debatten. Motivierende Kräfte dafür fand Huber offensichtlich stets darin, in einer Art Kongruenz von konkreter Aktivität und breiterem Lebenszusammenhang die Wirksamkeit des christlichen Glaubens über den engen Rahmen individueller Frömmigkeit, ihrer kirchlichen Pflege und ihrer theologischen Reflexion hinaus deutlich zu machen. Es ging ihm stets um eine Lebenshaltung – um die eigene, persönliche Lebenshaltung desjenigen, der aus der juristisch geprägten Intellektuellenfamilie stammend sich der Theologie, der Kirche und der Politik zuwandte. Zugleich zielte er in allem, was er tat, aber auch immer auf die Lebenshaltung christlicher Zeitgenossen und Zeitgenossinnen in den gesellschaftlichen, politischen und sozialen Umwälzungen zunächst der Bonner und später der Berliner Republik. Bei all dem war Dietrich Bonhoeffer ein konstanter Orientierungspunkt für Wolfgang Huber – auch für diesen waren, wenn auch unter viel extremeren Umständen – der Glaube und die Theologie die Quellen einer umfassenden evangelischen Lebenshaltung.

Mit der Bedeutung Bonhoeffers für die Entwicklung von Hubers theologischem Denken, aber auch für die Gestaltung seines praktischen Wirkens setzt das wissenschaftsbiographische Gespräch, das in diesem Band dokumentiert wird, darum auch ein.

Es findet seine Fortsetzung dann im Gespräch über das ethiktheoretische Erkennungszeichen von Wolfgang Hubers Denken, über sein Programm kommunikativer Freiheit als einer sozialen Praxis. Dieses Konzept, das er vor allem im Horizont der Barmer Theologischen Erklärung entwickelt, ist vorgebildet in der Entdeckung des Themas der Menschenrechte für Theologie, Kirche und Gesellschaft. Dieser Entdeckung und seiner gemeinsamen Bearbeitung mit Heinz Eduard Tödt sowie den späteren konkreten Erfahrungen zur Bedeutung der Menschenrechte im ökumenischen Kontext gilt der dritte Abschnitt des Gesprächs. Mit dem dadurch entwickelten differenzierten Blick auf die zeitgenössische gesellschaftliche Öffentlichkeit und die Bedeutung der Kirche in der Öffentlichkeit sowie für sie begann Wolfgang Huber das breite Feld der Sozialethik zu bearbeiten – dem ist der nachfolgende vierte Abschnitt des Gespräches gewidmet. Als Bischof in Berlin-Brandenburg und als Ratsvorsitzender musste Huber sich dann zunehmend mit religionsverfassungsrechtlichen Fragen auseinandersetzen, die aus der sich verändernden religionskulturellen Landschaft in der Berliner Republik resultierten: Die mögliche Neuvermessung zwischen Kirche und Staat, aber auch die pluraler gewordene Religionslandschaft in der Bundesrepublik, insbesondere die wachsende Präsenz des Islam zogen die Aufmerksamkeit auf sich. Der fünfte Abschnitt des Gesprächs zeigt den Zusammenhang zwischen diesen Auseinandersetzungen und der frühen Einübung eines juristischen Blicks, den Huber seiner Herkunft und der wissenschaftlichen Kooperation mit seinem Vater, dem Verfassungsjuristen Ernst Rudolf Huber, verdankt. All diese Themen scheinen erneut in der im sechsten Abschnitt diskutierten Frage auf, wie sich die ethische Pluralität in der Kirche zu einer demokratischen Kultur gesellschaftlicher Pluralität verhält.

Der umfassende siebente Gesprächsabschnitt widmet sich dann der Rolle und dem Verständnis der Theologie. Hier wird erörtert, wie eigentlich eine – öffentlich wirksame – Theologie in ihren verschiedenen Erscheinungsformen und thematischen Ausdifferenzierungen zur Bewältigung dieser Herausforderungen hilfreich und orientierend sein kann. Im Fokus steht zunächst der enzyklopädische Charakter der Theologie, dann aber auch das Selbstverständnis des Theologen Wolfgang Huber, der vom Lehrstuhl ins Bischofsamt wechselte. Sein Engagement in bioethischen Fragen und für die stärkere Sichtbarkeit der Bedeutung der Kultur für das kirchliche und religiöse Leben sind die konkreten Felder, auf denen das von Huber maßgeblich ausgearbeitete Konzept einer Öffentlichen Theologie seine Konkretionen fand. Und schließlich sind es theologische Überlegungen, die den Reformprozess ‚Kirche der Freiheit' motivierten und die dessen Bewertung aus heutiger Sicht leiten.

Das hier dokumentierte Gespräch fand in zwei Teilen statt, am 17. und 18. September 2021 im Wissenschaftskolleg in Berlin sowie am 10. Januar 2022 im Haus der EKD am Gendarmenmarkt in Berlin.

Unser Dank gilt zunächst Wolfgang Huber dafür, dass er sich auf das Wagnis eines solchen wissenschaftsbiographischen Gespräches einließ, das als persönliches Gespräch geführt wurde, aber doch auch in dem Bewusstsein, dass es als veröffentlichtes Gespräch zahlreiche Mithörer und Mithörerinnen finden würde. Dank gilt Wolfgang Huber auch dafür, dass er sich darauf einließ, das Gespräch zu einem dialogischen Erwägen von bleibenden Grundfragen evangelischer Theologie und Kirche über Generationsunterschiede und die Grenzen von Denkschulen hinweg werden zu lassen.

Unser Dank gilt sodann den gastgebenden Häusern in Berlin, den Transkribentinnen und dem Transkribenten in Göttingen und München, Birgitt Klinker, Janina Steigerwald und Andreas Eder, Johannes Greifenstein für Redaktionsarbeiten sowie dem Verlag Mohr Siebeck für die bewährte Zusammenarbeit.

München und Göttingen,
im Februar 2022

Christian Albrecht
Reiner Anselm
Hans Michael Heinig

Inhaltsverzeichnis

I. Zur Bedeutung Bonhoeffers – für die eigene Biographie und darüber hinaus

Christian Albrecht: Lassen Sie uns das Gespräch beginnen mit dem Blick auf Dietrich Bonhoeffer. Zum einen, weil wir den Eindruck haben, dass hier ein Schwerpunkt ihrer Beschäftigungen in den letzten Jahren lag[1], zum anderen auch deswegen, weil die Beschäftigung mit Bonhoeffer sich durch ihr wissenschaftliches und berufliches Leben in allen seinen Stadien zieht. Vielleicht mögen Sie uns einfach einmal erzählen, worin die Bedeutung Bonhoeffers für Sie besteht? Und das vielleicht sogar im Blick auf verschiedene ihrer berufsbiographischen Stationen? Wenn ich es richtig weiß, hat den Studenten die Lektüre von *Widerstand und Ergebung*[2] beeindruckt, aber es gibt ja auch spätere Phasen, in denen die Beschäftigung mit Bonhoeffer orientierend oder verwirrend zum Nachdenken geführt hat. Das würde uns zunächst interessieren.

Wolfgang Huber: Die Begegnung mit Bonhoeffer hat bei mir ihren ersten Anhaltspunkt an Erfahrungen in der evangelischen Jugendbewegung. Ich war christlicher Pfadfinder und ich erinnere mich genau, wie ich mit

---

[1] Wolfgang Huber: Dietrich Bonhoeffer. Auf dem Weg zur Freiheit. Ein Porträt, München ³2020 (2019).

[2] Dietrich Bonhoeffer: Widerstand und Ergebung. Briefe und Aufzeichnungen aus der Haft (1951), hg. von Christian Gremmels, Eberhard Bethge und Renate Bethge in Zusammenarbeit mit Ilse Tödt (Werke Bd. 8), Gütersloh 1998.

einem Freund überlegte, wie dieses Engagement weitergehen kann und welche Zukunft die Lebensform hat, auf die wir uns da als Jugendliche eingelassen hatten. Ich selber hatte relativ früh Mitverantwortung für Jugendliche übernommen, die noch jünger waren als ich. Aus solchen Fragen heraus zogen wir uns für ein Wochenende in eine Schwarzwaldhütte zurück und lasen zusammen Bonhoeffers *Gemeinsames Leben*[3]. Bei dieser Lektüre ahnten wir zweierlei zugleich. Nämlich erstens: Das ist sehr beeindruckend, aber zugleich zweitens: Es wird heute und morgen ganz gewiss so nicht gehen. Unter anderem dadurch angeregt kam ich noch während der Schulzeit zur Lektüre von *Widerstand und Ergebung*.

CA: So früh schon, ja?

WH: Das hing mit zwei merkwürdigen Konstellationen zusammen. Einerseits mit einem Geschichtslehrer, der uns noch einigermaßen verbarg, dass er ehemaliger Nazi war. Er ließ im Unterricht die deutsche Geschichte mit dem Ersten Weltkrieg zu Ende gehen. Irgendwie merkte er, dass mich der deutsche Widerstand interessierte, was aus meiner biographischen Situation erklärbar war. Das wollte er unterstützen und sagte, wenn ich dazu etwas wissen wolle, solle ich ihn besuchen; er würde mir die Bücher leihen, die er zu diesem Thema habe. Auf diese Weise las ich Bücher aus dem Bereich des deutschen Widerstands. Das war von einer anderen Seite her eine Brücke zu Bonhoeffer, der in unserem Religionsunterricht eine geringere Rolle spielte als etwa Karl Barth[4]. Unser Religi-

---

[3] Dietrich Bonhoeffer: Gemeinsames Leben (1939), hg. von Gerhard Ludwig Müller (Werke Bd. 5), Gütersloh 2015.

[4] Karl Barth (1886–1968) lehrte als Theologieprofessor in Göttingen, Münster, Bonn und Basel.

onslehrer in der Oberstufe war der Meinung, das Beste, was wir tun könnten, unabhängig davon, ob wir Theologie studieren wollten oder nicht, sei den ‚weißen Elefanten' – also die *Kirchliche Dogmatik*[5] Karl Barths – zu lesen. Damit uns das plastisch vor Augen stand, lud er uns zu sich ein, damit wir unter den dreizehn Bänden saßen und deren Aura spürten. Verstärkt wurde das dadurch, dass wir alle rauchten und der Rauch in dieser Studierstube des Religionslehrers seine Wirkung tat. Irgendwie habe ich es nicht als so störend empfunden, dass bald darauf im Theologiestudium Bonhoeffer keine starke Bedeutung zukam.

CA: Spielte für den Schüler Wolfgang Huber denn die Unterscheidung zwischen dem politischen Widerständler Bonhoeffer, wie Sie ihn jetzt schildern, und dem religiösen Autor eine Rolle?

WH: Ich machte den Unterschied nicht, weil meine Intuition mir sagte, dass beides zusammengehört – auch wenn ich noch nicht näher verstand, wie es miteinander verbunden ist, weil ich die dafür wichtigen Texte natürlich zum größten Teil nicht kannte. Zum Beispiel kannte ich den Text *Die Kirche vor der Judenfrage*[6] aus dem April 1933, der ein sehr früher Beleg für die Zusammengehörigkeit von Theologie und Widerstand ist, damals nicht. Vieles davon begegnete mir erst in Eberhard Bethges Biographie[7]. Doch ich ging diesen Fragen zu Bonhoeffer

[5] Karl Barth: Die Kirchliche Dogmatik, Zürich 1932–1976.

[6] Dietrich Bonhoeffer: Die Kirche vor der Judenfrage, in: Ders.: Berlin 1932–1933, hg. von Carsten Nicolaisen und Ernst-Albert Scharffenorth (Werke Bd. 12), Gütersloh 1997, S. 349–358.

[7] Eberhard Bethge: Dietrich Bonhoeffer. Theologe – Christ – Zeitgenosse. Eine Biographie, Gütersloh [9]2005. – Eberhard Bethge (1909–2000), bemühte sich als Pfarrer und Theologe intensiv um die Verbreitung des Werks Dietrich Bonhoeffers.

während meines Studiums auch deshalb nicht genauer nach, weil das Studium eher eine Pause in der Beschäftigung mit Bonhoeffer war als eine Vertiefung. Das lag daran, dass ich mich sehr früh auf die Kirchengeschichte kaprizierte und während des Studiums in der Patristik heimisch wurde. Meine Dissertation über *Passa und Ostern – Untersuchungen zur Osterfeier der Alten Kirche*[8] schrieb ich während der Studienzeit. Die Systematische Theologie lief eher mit; in diesem Fach habe ich schon mehr gemacht als beispielsweise im Alten Testament, das will ich gar nicht leugnen. Aber in dieser Zeit zeichnete sich noch nicht ab, dass daraus später für mich ein Schwerpunkt werden würde. Als mir das klar wurde, nämlich in den zwei Jahren der Gemeindearbeit in Reutlingen-Betzingen von 1966 bis 1968, wurde mir die Bedeutung Dietrich Bonhoeffers von einer neuen Seite deutlich. Genau zu dieser Zeit erschien Eberhard Bethges Bonhoeffer-Biographie[9], die ich neben der Gemeindearbeit intensiv studierte. Erst damit begann meine Beschäftigung mit Bonhoeffer in einem ernsthafteren und systematischeren Sinn. Das war zugleich der Zeitpunkt, zu dem mir klar wurde: Wenn es sich so fügt, dass ich wieder in die wissenschaftliche Theologie zurückkehre, dann nicht in die von mir vorher so geliebte Patristik, sondern in ein theologisches Gebiet, das mit der Verantwortung des christlichen Glaubens in der eigenen Gegenwart zu tun hat.

CA: Das war tatsächlich das Motiv für das Interesse an der Systematischen Theologie, Verantwortung für den christlichen Glauben in der Gegenwart? War das stärker

---

[8] Wolfgang Huber: Passa und Ostern. Untersuchungen zur Osterfeier der alten Kirche, Berlin 1969.

[9] Bethge: Dietrich Bonhoeffer (s.o. Anm. 7).

als das Interesse etwa an der Dogmatik oder an der Theologiegeschichte?

WH: Ja. Als ich 1968 zu Heinz Eduard Tödt[10] kam und er fragte, worüber ich denn arbeiten wolle, sagte ich: über Kirche und Öffentlichkeit. Dieses Problem hatte ich am Ort der Gemeinde erlebt; zugleich war es die Zeit, in der die *Ost-Denkschrift* der EKD von 1965[11] exemplarisch gezeigt hatte, dass die Öffentlichkeitsverantwortung der Kirche im großen Stil wichtig ist und gelingen kann. Ich habe – was das Thema ‚Kirche und Öffentlichkeit' im umfassenderen Sinn betrifft – mit einer gelungenen Erfahrung von kirchlicher Intervention in die öffentliche Debatte begonnen. Von daher wollte ich Gelingen und Misslingen natürlich auch historisch studieren. Insofern interessierte mich die historische Arbeit weiterhin sehr. Aber mein Engagement für dieses Thema vollzog sich nicht nur in der Form der Kritik all dessen, was historisch schief gelaufen ist oder aktuell misslingt, sondern richtete sich auch auf das, was historisch gelungen ist oder aktuell gelingen kann. Dafür ist Bonhoeffer auf eine besondere Weise hilfreich, weil er in einer Situation, in der das Gelingen dessen, was er für notwendig hielt, höchst unwahrscheinlich war, sagen konnte: „Ich glaube, dass Gott aus allem, auch aus dem Bösesten, Gutes entstehen lassen

[10] Heinz Eduard Tödt (1918–1991) war von 1963 bis 1983 Professor für Systematische Theologie, Ethik und Sozialethik an der Universität Heidelberg sowie der bestimmende Lehrer Wolfgang Hubers.

[11] Die Lage der Vertriebenen und das Verhältnis des deutschen Volkes zu seinen östlichen Nachbarn. Eine evangelische Denkschrift. Mit einem Vorwort von Präses D. Kurt Scharf, Hannover 1965.

kann und will. Dafür braucht er Menschen, die sich alle Dinge zum Besten dienen lassen."[12]

Das gehört zu den Grundimpulsen bei Bonhoeffer, bei denen es für mich um mehr geht als um eine im Detail mehr oder weniger gut gelungene Theologie; es geht vielmehr um eine Lebenshaltung, die auf eine Einheit der theologischen Reflexion und der verantworteten Lebensgestalt ausgerichtet ist. Das hat sich für mich als grundlegender Impuls durchgehalten. Deshalb habe ich mit einer gewissen Beharrlichkeit Fragen, die mich aus anderen Zusammenhängen heraus beschäftigten, immer wieder auf Bonhoeffer zurückbezogen. Manche sagten dazu spöttisch: Gibt es von dir auch einmal einen Aufsatz, in dem Bonhoeffer nicht vorkommt? Das darin liegende Gefälle ist mir durchaus bewusst; aber dieser thematische Schwerpunkt hat dazu beigetragen, dass ich relativ früh, noch während meiner Zeit in der Forschungsstätte der Evangelischen Studiengemeinschaft[13], in Überlegungen zu einer neuen Werkausgabe einbezogen wurde. Dass Christian Gremmels[14] und ich als die beiden Jüngsten von 1981 an zum Herausgeberkreis der geplanten Werkausgabe ge-

[12] Bonhoeffer: Widerstand und Ergebung (s.o. Anm. 2), S. 30.

[13] Die Forschungsstätte der Evangelischen Studiengemeinschaft e.V. (FEST) ist ein von der EKD, den Landeskirchen, dem Deutschen Evangelischen Kirchentag und den Evangelischen Akademien getragenes interdisziplinäres Forschungsinstitut, das sich Grundfragen des Verhältnisses zwischen Wissenschaft und Glaube widmet und damit beratende Funktionen gegenüber seinen Trägern wahrnimmt. Die FEST wurde 1957/1958 gegründet und hat ihren Sitz in Heidelberg.

[14] Christian Gremmels (geb. 1941) war Professor für Systematische Theologie in Marburg und Kassel und von 1986 bis 2008 Vorsitzender der Internationalen Bonhoeffer-Gesellschaft, Sektion Bundesrepublik Deutschland.

hörten, war alles andere als selbstverständlich. Es gab in dieser Entwicklung dadurch einen Knick, wenn man so sagen will, dass in dem Augenblick, in dem es losgehen sollte, und wir den ersten Band, nämlich Bonhoeffers Dissertation *Sanctorum Communio*[15] 1986 aus Anlass von Bonhoeffers 80. Geburtstag veröffentlichen wollten, ich diesen Band nicht, wie ursprünglich geplant, selbst bearbeiten konnte. Denn 1983 wurde ich zum Kirchentagspräsidenten gewählt und war genötigt, in dieser Funktion zugleich als Generalsekretär des Kirchentags tätig zu werden, da dieses Amt sehr kurzfristig vakant wurde. Neben dieser Aufgabe und der Professur – zunächst in Marburg und dann in Heidelberg – war die Arbeit an der Edition des ersten Bands der Werkausgabe nicht zu leisten. Mein Mitarbeiter Joachim von Soosten[16] übernahm diese Aufgabe im inhaltlichen Zusammenhang mit seinem Promotionsvorhaben. Angesichts des Zeitdrucks unterstützte ich ihn vor allem in der Schlussphase und erlebte das Handwerk des Edierens intensiv mit. Das war gut, weil ich später keine Gelegenheit dazu hatte, einen Einzelband selbst zu edieren. Vielmehr übernahm ich nach dem Tod von Heinz Eduard Tödt die Gesamtverantwortung als Sprecher des Herausgeberkreises. Doch zuvor hatte ich wenigstens an einem Band gesehen, wie sich eine solche Editionsarbeit vollzieht und worin deren Probleme liegen. Insgesamt war es hinreißend, zunächst durch Bethges Biographie einen neuen Zugang zu Bonhoeffer zu gewinnen und dann an den konzeptionellen Überlegungen zu

[15] Dietrich Bonhoeffer: Sanctorum communio. Eine dogmatische Untersuchung zur Soziologie der Kirche, Berlin u.a. 1930.

[16] Joachim von Soosten (geb. 1965) war von 1984 bis 1989 Assistent am Lehrstuhl Systematische Theologie (Sozialethik) bei Wolfgang Huber in Heidelberg.

einer neuen Edition von Bonhoeffers Schriften beteiligt zu sein und sich den dabei unausweichlichen Fragen zu stellen: Wie muss die Struktur einer solchen Werkausgabe aussehen? Wie gewinnt man die Herausgeber der einzelnen Bände? Wie regelt man das Verhältnis zwischen Bandherausgebern und Gesamtherausgebern? Auf welche Schwierigkeiten stößt man? Welche Regeln gelten für die Übersetzung der neuen Ausgabe in andere Sprachen? Oder im Rückblick gefragt: Was hat man nicht bedacht?

Reiner Anselm: Spielte eigentlich Bonhoeffers Ethik in ihrem Studium eine Rolle? Wurde die gelesen, wurde die rezipiert?

WH: In meinem Studium nicht. Ich habe Ethik in Göttingen bei Ernst Wolf[17] und in Tübingen bei Adolf Köberle[18] studiert. Das war beides auf seine Weise gut. Bei Wolf erhielt ich nicht nur die erste Einführung in die Barmer Theologische Erklärung, sondern hörte auch die später veröffentlichte *Sozialethik.* Durch Köberle wurden wir mit Emil Brunners[19] Arbeiten zur Ethik vertraut gemacht, denen er ein eigenes Seminar widmete. Ich schrieb bei Köberle eine Seminararbeit über Emil Brunner. Ich fand das auch deshalb sehr erhellend, weil Brunner damals im Schatten hinter Barth hersegelte. Später wurde mir erst klar, dass Brunner neben Dietrich Bonhoeffer der erste deutschsprachige evangelische Theologe war, der sich theologisch explizit mit den Menschenrechten beschäftigte.

---

[17] Ernst Wolf (1902–1971) war Professor zunächst für Kirchengeschichte, dann für Systematische Theologie an der Universität Göttingen.

[18] Adolf Köberle (1898–1990) war Professor für Systematische Theologie in Tübingen.

[19] Emil Brunner (1889–1966) war Professor für Systematische und Praktische Theologie an der Universität Zürich.

Köberle war in der Vorlesung nicht so beeindruckend, weil er zu denen gehörte, von denen es in meiner Studienzeit einige gab, die auf der Grundlage des Kollegheftś, das sie dreißig Jahre zuvor geschrieben hatten, in den 1960er Jahren ihre Vorlesungen hielten. Das sagten manche auch offen. In Hans-Georg Gadamers[20] Vorlesung, ich vergesse es nie, wehte an einem sommerlichen Nachmittage bei offenen Fenstern der Wind in den Heidelberger Hörsaal, ein Blatt fiel vom Katheder und löste sich dabei in seine Bestandteile auf, worauf Gadamer sagte: Das ist das Manuskript, mit dem ich zum ersten Mal 1929 in Marburg die *Einführung in die Philosophie* gelesen habe. Verglichen damit war das, was Köberle sich im Seminar vornahm, eher *up to date*, indem er Bücher aus den 1930er und 1940er Jahren behandelte.

RA: Zum Hintergrund meiner Frage: Ich bin deswegen an der Frage nach der Rezeption von Bonhoeffers Ethik in der Nachkriegstheologie der Bundesrepublik interessiert, weil es in der *Ethik* von Trutz Rendtorff[21] eine Reihe von Denkfiguren gibt, die fast bis in die Formulierungen hinein Bonhoeffers Ethik aufnehmen. Allerdings wird das nicht ausgewiesen. Bonhoeffer kommt explizit nur am Rande vor, eher im Sinne einer Nebenbemerkung. Ich kann mir das nach wie vor nicht anders erklären, als über die Vermutung, dass diese Gedanken eben in der Luft lagen, dass diese Ethik gelesen wurde und es so zu einer Art Ideentransfer gekommen ist. Aber wenn Sie sagen, das

---

[20] Hans-Georg Gadamer (1900–2002) war Professor für Philosophie in Heidelberg.

[21] Trutz Rendtorff (1931–2016) war Professor für Systematische Theologie mit Schwerpunkt Ethik in München und von 1980 bis 1997 Vorsitzender der Kammer für Öffentliche Verantwortung der EKD. Wolfgang Huber gehörte der Kammer von 1973 bis 1994 an.

spielte gar keine Rolle, dann muss es für dieses Phänomen andere Gründe geben.

WH: Es kann wirklich sein, dass es sogar Seminare darüber gab, und dass es Leute gab, die Bonhoeffers Texte in der Ethik-Vorlesung verwendet haben. Ich habe mich damals nicht in der Breite darum so gekümmert, dass ich das einschätzen könnte.

RA: Haben Sie es dann nachher nochmal verfolgt, wer in ihrer Lehrergeneration sich mit Bonhoeffer auseinandergesetzt hat? Gab es da jemanden, der sich prominent mit ihm beschäftigte?

WH: Es war eher so, dass ich mich darüber gewundert habe, dass bei Gerhard Ebeling die Wirkung von Bonhoeffer so gering war. Das ist eigentlich besonders verblüffend. Bonhoeffer war sehr wichtig für Ebeling. Ebeling war auch wichtig für ihn. Aber das verblasste in dem Augenblick, in dem Ebeling eine Form hermeneutischer Konzentration entwickelte, die in dieser Weise bei Bonhoeffer gerade nicht vorlag. Interessant ist in diesem Zusammenhang, dass Bonhoeffer, nachdem er die *Nachfolge*[22] 1937 abgeschlossen hatte, vor der Frage stand, welche Thematik er sich vornehmen wollte, wenn er überhaupt die Gelegenheit dazu hätte, ein großes Buch zu schreiben. Die Alternative hieß: Hermeneutik oder Ethik. Die Entscheidung fiel eindeutig zugunsten der Ethik aus. Darin war die selbstkritische Feststellung enthalten, dass er die ethische Frage mit dem Buch über Nachfolge keineswegs als abgeschlossen ansah. Doch diese Tragweite der Entscheidung für die Ethik ist in der Nachkriegszeit zunächst kaum gewürdigt worden; die Veröffentlichung der

[22] Dietrich Bonhoeffer: Nachfolge, München 1937.

Ethik-Fragmente im Jahr 1949 blieb zunächst ohne größere Resonanz. Wenn man Ebelings Aufsatz über die „nichtreligiöse Interpretation biblischer Begriffe“ liest, den er 1955 veröffentlichte[23], hat man beinahe den Eindruck, hier werde versucht, Bonhoeffer hermeneutisch rückabzuwickeln. Das hat mich theologisch so provoziert, dass ich unter den drei Themen, die 1972 für den Habilitationsvortrag anzugeben waren, einen Vortrag über das Verhältnis der theologischen Disziplinen bei Gerhard Ebeling vorgeschlagen habe. Das entsprach einerseits einem pfiffigen Rat von Heinz Eduard Tödt, der sagte, ich müsse ein Thema vorschlagen, bei dem seine Kollegen meinen Willen erkennen könnten, auf alle theologischen Disziplinen Bezug zu nehmen. Und für mich war es ein Anlass, mir selber Rechenschaft darüber abzulegen, warum die Faszination, die ich seit meinem Studium gegenüber Bultmann[24] und Ebeling empfunden hatte, verblasst war. Mein Text mündete in eine scharfe Abgrenzung mit zugespitzten Formulierungen – es handele sich bei der Christologie nach Ebelings Verständnis nicht um eine Inkarnation, sondern um eine Inverbation. Das nahm Ebeling mir sehr übel; es folgte ein öffentlicher Austausch von Briefen. Das war ein Klärungsvorgang, in dessen Folge Heinz Eduard Tödt und ich – nicht unabhängig voneinander, aber natürlich gibt es den Generationenunterschied – uns ziemlich gleichzeitig vornahmen, die Bedeutung von Bonhoeffer für die theologische Ethik gründlicher zu behandeln.

[23] Gerhard Ebeling: Die nicht-religiöse Interpretation biblischer Begriffe, in: Zeitschrift für Theologie und Kirche 52 (1955), S. 293–360. Ebeling (1921–2001) war in dieser Zeit Professor für Fundamentaltheologie und Hermeneutik in Tübingen.

[24] Rudolf Bultmann (1884–1976) war Professor für Neues Testament in Marburg.

Tödt hatte vorher vergleichbare Überlegungen zu Bultmanns und Barths Bedeutung für die Ethik angestellt. Dabei leitete ihn die Idee, die wichtigen Positionen der zeitgenössischen Theologie im Blick auf ein Zukunftskonzept der evangelischen Ethik auszuwerten. Im Blick auf Bonhoeffer hat er dafür einen ganz eigenen Weg eingeschlagen, der später in das historisch angelegte Projekt zum Widerstand des Bonhoeffer-Dohnanyi-Kreises[25] mündete.

Hans Michael Heinig: War Bonhoeffer denn auch deshalb früh interessant, weil er eine andere Form von theologischer Existenz mit sich brachte als das familiär tradiert war? Sie hatten ja gerade schon einmal signalisiert, Bonhoeffer war auch eine Herausforderung, weil er die ganze Existenz ergriffen hat, von dort aus wird die Ethik dann durchbuchstabiert, aber auch andere theologische Grundlagenfragen. Deshalb schien es uns interessant, Bonhoeffer an den Anfang dieses Gesprächs zu stellen, weil er – so unser Eindruck – in ganz verschiedene Werkdimensionen bei Ihnen ausstrahlt. Biographisch war vielleicht anfangs auch attraktiv, dass er nicht für ein christlich-bürgerliches Religionskonzept steht, in dem Religion bloß eine ‚Provinz im Gemüte' ist, kein Konzept, mit dem man bloß sonntags Christ ist, sondern der fordert einen ja schon voll und ganz und dauerhaft an allen Ecken und Enden, wo man geht und steht. Und es hätte ja Alternativen für Sie gegeben, sowohl im theologischen Profil als auch in der Frömmigkeitsform. Insoweit entsteht da schon der Eindruck, dass Bonhoeffer die Person Wolfgang Huber und dessen Werk stark geprägt hat. Ist das so?

25 Hans von Dohnanyi (1902–1945) war ein Widerstandskämpfer gegen den Nationalsozialismus und wurde 1945 hingerichtet.

WH: Nur ist es gleichzeitig so, dass man solche Affinitäten im Rückblick sieht, aber aufpassen muss, dass man sie nicht in eine Lebensphase projiziert, in der sie jedenfalls nicht reflektiert präsent waren. Da darf ich mir selbst gegenüber nicht so tun, als hätte das eine innere Logik, die vielleicht doch nur konstruiert ist. Aber im Lauf der Zeit ist mir natürlich auch aufgefallen, dass Bonhoeffer keineswegs aus einem Hintergrund kam, in dem eine bürgerlich-christliche Frömmigkeit das selbstverständlich Gegebene war. Für die Familie Bonhoeffer insgesamt – von der Mutter abgesehen – war ein skeptisch distanziertes Christentum prägend. Das Weihnachtsoratorium zu hören, verstand sich von selbst. Aber in den Weihnachtsgottesdienst zu gehen, galt keineswegs als notwendig, weil die kirchlich distanzierte, große, bildungsbürgerliche Familie selbst im Stande war, das Weihnachtsfest so zu gestalten, dass auch dessen religiöse Bedeutung zur Geltung kam. In vergleichbarer Weise habe ich das in der eigenen Familie erlebt.

HMH: Bonhoeffer steht also schon für eine Art Gegenwelt oder Gegenentwurf zu ihren biographischen Erfahrungen. Da finden sich Parallelen zu Bonhoeffers eigener Biographie: Milieu-Erfahrungen, wie sie halt von so einer lutherischen, gut bürgerlichen, akademisch geprägten Familie in der jeweiligen Zeit ausgegangen sind. Das Haus Huber steht auch *pars pro toto* für einen bestimmten, reflektierten Frömmigkeitsstil in der Zeit ihrer Kindheit. Sich davon abzusetzen hat Folgen für das wissenschaftliche Wirken – bis hin zu den Auseinandersetzungen, die Sie dann auch bewusst gesucht haben, etwa im Streit um die Zwei-Reiche-Lehre, im Abarbeiten an bestimmten lutherischen Traditionsbeständen. Ist es zu bemüht, wenn man sagt: da ist Bonhoeffer, Bonhoeffers Theologie, aber auch Bonhoeffers Idee christlicher Existenz ein Schlüsselstein, in dem viel zusammenkommt? Von außen wirkt es so.

WH: Rückblickend kann man das so sehen, ich glaube bloß nicht, dass das im Entstehen dieser Lebenshaltung oder Lebensform, wie man das – etwas pathetisch – ausdrücken mag, zu jedem Zeitpunkt bewusst war. Ich habe lange Zeit vieles nicht gewusst, bei dem man, wenn man will, solche Affinitäten sehen kann. Doch ich glaube, im einen wie im anderen Fall sind auch externe Faktoren, die außerhalb der familiären Sozialisation liegen, sehr wichtig. Die christlichen Pfadfinder habe ich vorhin angesprochen. Zu den elementaren Erfahrungen, die damit verbunden waren, gehörte die Nötigung, in sehr jungen Jahren eigenständig mit biblischen Texten umzugehen. Mit den Herrnhuter Losungen im Alter von 12 oder 13 Jahren etwas anzufangen, ist natürlich ein bleibend prägender Faktor und kann dazu führen, dass diese Tradition lebenslang ein Teil der persönlichen Lebensform wird. Es ist in diesem Zusammenhang aufschlussreich, wie wichtig es für Bonhoeffer gerade in der Gefängniszeit war zu wissen, dass seine Freunde Tag für Tag im Herrnhuter Losungsbuch dieselben Texte lasen und meditierten wie er. Wenn man in der Beschäftigung mit dem christlichen Glauben nach einer plausiblen Lebensform sucht und diese im zweiten Schritt theologisch reflektieren möchte, ist die Begegnung mit Bonhoeffer hochinteressant; denn er spürt sehr früh, dass es in der Theologie um die Reflexion einer plausiblen Lebensform geht. Um es in der Sprache eines Soziologen zu verdeutlichen: Franz Xaver Kaufmann[26]

[26] Franz Xaver Kaufmann (geb. 1932) war Professor für Sozialpolitik und Soziologie in Bielefeld.

hat gelegentlich gesagt, man müsse sich klarmachen, dass nicht das, was an theologischen Wahrheiten verkündet wird, und auch nicht das, was die Kirchen als politische Positionen öffentlich vertreten, Menschen gewinnt; sondern sie halten Ausschau nach einer plausiblen Lebensform. Dass dies keine neue Einsicht ist, erläuterte er an Adolf von Harnacks Darstellung der *Mission und Ausbreitung des Christentums in den ersten drei Jahrhunderten*[27], an der sich erkennen lässt, dass Menschen auf dem Weg zum christlichen Glauben zunächst einer überzeugenden Gestalt gemeinsamen Lebens begegneten und erst dann nach den religiösen Gehalten fragten, die sich mit ihr verbanden.

CA: Das ist ein sehr aktueller Gedanke im Blick auf das, was wir gegenwärtig wahrnehmen an Zweifeln daran, ob denn eigentlich unsere Predigten und Gottesdienste wirklich durch ihren kognitiven Gehalt überzeugen und Menschen ans Christentum binden oder ob da nicht etwas Anderes dahinter ist, Praktiken oder Lebensformen. Noch ein anderer Punkt: Sie haben sich jetzt zweimal sehr überzeugend gegen retrospektive Selbst-Stilisierungen ausgesprochen, indem Sie sagten: Es gab im Blick auf Bonhoeffer vielleicht Parallelen, Korrespondenzen, Konsonanzen, die sich rückblickend konstruieren lassen, die aber damals nicht bewusst gewesen sind. Sie sprachen eben vom Übergang in die Systematische Theologie nach dem Vikariat und dass ihr Interesse an der verantwortlichen Gestaltung der Gesellschaft im Vordergrund stand, also durchaus auch das Interesse an einer politischen Realisierung christlicher Überzeugungen oder Haltungen.

[27] Adolf von Harnack: Mission und Ausbreitung des Christentums in den ersten drei Jahrhunderten, Leipzig 1902.

Auch dazu könnte man ja Bonhoeffer in Anspruch nehmen. Ich weiß nicht, ob ich richtig liege mit der Vermutung, dass Ihnen irgendwann neben dieser Außenseite der christlichen Existenz auch eine Innenseite der Frömmigkeit zu Bewusstsein gekommen ist, die dort nicht immer schon im Vordergrund stand – oder die vielleicht in den Vordergrund gerückt ist mit dem Übergang ins kirchenleitende Amt. Wann und wie haben Sie realisiert, dass für Menschen, die in der Kirche sind oder zur Kirche gehören, nicht nur die politische Wirksamkeit der Kirche, sondern auch die Pflege einer ganz auf sich selbst gestellten Frömmigkeit eine bestimmte Bedeutung hat? Spielte dafür Bonhoeffer eine Rolle?

WH: Die Beobachtung ist völlig richtig, wobei für die Entwicklung, die Sie beschreiben, bei mir die Gemeindezeit und wichtige Gemeindeerfahrungen danach eine starke Bedeutung haben. In meiner württembergischen Vikariatsgemeinde in Reutlingen-Betzingen habe ich den schwäbischen Pietismus in einer sehr überzeugenden Form kennengelernt: Der Bäcker Bosch ist damals für mich ein Vorbild gelebten Christseins geworden, er war lebensnah und zugewandt, offen zu jedermann ohne irgendwelche Scheuklappen. Er ging am Sonntag zusätzlich zum Gottesdienst – er war Mitglied des Gemeindekirchenrats – nachmittags um zwei Uhr auch noch in die ‚Stund'. Es war nicht gleich die Frage nach der Gestaltung der Gesellschaft, sondern zuerst die Frage nach der Gestaltung der Kirche, die ich aus dem Vikariat in Reutlingen mitgenommen habe. Aber darüber hinaus war die *Ost-Denkschrift*, von der ich schon gesprochen habe, nicht nur deshalb wichtig, weil sie einen in meinen Augen richtigen politischen Impuls setzte, sondern weil sie eine

Kirche so zeigte, wie ich sie mir selbst wünschte. Dabei ist mir schnell klargeworden, dass man politische Fragen nicht im kirchlichen Interesse instrumentalisieren darf, sondern dass politische Interventionen in ihrer Dringlichkeit als solcher einleuchtend, aber auch in ihrem Sachgehalt überzeugend sein müssen. Man kann mit Politik nicht so umgehen, dass man ein Thema aufgreift, weil es plakativ präsentiert werden kann, unabhängig davon, ob dies etwas nützt oder nicht. Vielmehr muss nachvollziehbar sein, dass die Kirche aus Gründen der christlichen Überzeugung bei einem bestimmten Thema nicht seitab stehen kann. Aber sie muss sich so beteiligen, dass die Chance besteht, damit tatsächlich etwas zu bewirken. Wenn man das will, muss man sich darum bemühen, dass nicht die innerkirchliche Polarisierung auch noch das beste Thema kaputt macht.

HMH: Und trotzdem gingen Sie dann an die FEST zum Schreiben eines dicken Buches und nicht in die kirchliche Praxis. Mit einem durch die Praxis geschärften Kirchenbegriff oder Kirchenverständnis machten Sie sich an das Thema ‚Kirche und Öffentlichkeit'. Warum dann dieser Schritt, eben doch zurück in die akademische Welt?

WH: Ich habe das nicht als ein Zurück empfunden. Während ich in Reutlingen war, rief der Nachfolger meines Doktorvaters mich an und bot mir an, auf die Assistentenstelle in Tübingen zurückzukehren, die ich *de facto* als Student bereits innehatte. In diesem Augenblick wusste ich, dass es dieses Zurück für mich nicht gab. Es soll nicht falsch klingen – auch die Ausbildungsverantwortlichen in der württembergischen Landeskirche, in der ich als Badener gelandet war, schlugen mir nicht vor, ich solle als nächstes in die Gemeinde X oder Y gehen.

Vielmehr eröffnete mir der zuständige Oberkirchenrat Bofinger den Kontakt zu Heinz Eduard Tödt.

HMH: Also war ihr weiterer Werdegang ein Ergebnis württembergischer Personalentwicklung?

WH: Ja.

HMH: Das war mir nicht bewusst, das ist interessant. Für das, was Sie als Kirche beschrieben haben – nicht nur Predigen, sondern eine öffentliche Wirkdimension weit darüber hinaus –, da war die FEST ja der richtige Ort. Denn da fanden damals schon genau diese Debatten statt. Die ‚protestantische Mafia' hatte sich da gruppiert und Sie waren mittendrin. Das passte genau zu der Vorprägung, von der Sie gerade berichtet haben.

WH: Georg Picht, den damaligen Leiter der FEST, kannte ich, weil meine älteren Brüder teilweise in dem Internat Birklehof in Hinterzarten zur Schule gegangen sind, das Picht lange geleitet hat; aber der Kontakt zur FEST begann nicht über ihn, sondern über Tödt.

CA: Wir haben jetzt tatsächlich stärker biographisch als inhaltlich darüber geredet, worin nach ihrer Auffassung die Bedeutung Bonhoeffers besteht.

HMH: Dann wechseln wir doch den Fokus: Was bleibt von Bonhoeffer? Wie ist der Gegenwarts-, wie ist der Zukunftsbezug? Wie sich sein Leben und Schreiben auf ihre Biographie ausgewirkt hat, darüber haben wir nun gesprochen, aber was geht das alles noch ihre Enkelkinder an? Was sagt Bonhoeffer denen? Oder ist dessen Theologie irgendwann doch zu abständig? Wenn wir uns anschauen, wie stark sich religiöse Kulturen verändert haben, wie stark das gesamte politische Umfeld sich verändert hat mit Globalisierungsprozessen, mit kultureller Diversifizierung, durch Zuwanderung – wir leben also doch in einer völlig anderen Gesellschaft als in der Bonhoeffers. Bleibt da etwas jenseits des Abständigen?

WH: Ich bin fest davon überzeugt, dass im Blick auf die Themen, die Sie jetzt beispielhaft genannt haben, die fruchtbarste theologische Zugangsweise diejenige einer Verantwortungsethik ist. Ebenso lässt sich bei wichtigen Themen der Gegenwart – beim Thema Digitalisierung beschäftigt mich das gerade – mit Staunen feststellen, an welche Konzepte der Vergangenheit angeknüpft wird. Die Aufnahme der Schelerschen Wertethik bei Sarah Spiekermann[28] ist ein Beleg dafür. Das ist zwar interessant, aber es ist dennoch verkehrt. Je stärker die disruptiven Elemente in den Entwicklungen der Gegenwart eine Rolle spielen, desto stärker kommt es darauf an, sich klarzumachen, dass wir die Prozesse, die dabei entstehen, verantworten müssen. Wir können uns nicht auf die Aussage beschränken und nicht einfach behaupten, deswegen, weil die Entwicklungen von disruptiver, überwältigender Macht sind, müssten wir sie einfach ihren Weg gehen lassen. Wir müssen sie vielmehr verantwortlich gestalten, so schwer das auch sein mag.

Von systematischer Intensität ist mein Rückgriff auf Bonhoeffer zunächst im Blick auf die Kirchentheorie, weil es schon bei ihm nicht einfach um eine dogmatische Ekklesiologie von oben nach unten geht; und ethisch bin ich nachhaltig fasziniert davon, mit welcher Kühnheit er einen verantwortungsethischen Ansatz entwickelte, als man noch gar nicht in größerer Breite darüber nachdachte, ob Max Weber – den er kannte, aber nicht weitergehend

[28] Sarah Spiekermann: Digitale Ethik. Ein Wertesystem für das 21. Jahrhundert, München 2019.

untersucht hat – dazu mit seiner Unterscheidung von Verantwortungs- und Gesinnungsethik bereits einen weiterführenden Anstoß gegeben hatte oder nicht. Unter seinen theologischen Zeitgenossen ist im Blick auf den Entwurf einer theologischen Verantwortungsethik am ehesten H. Richard Niebuhr zu vergleichen, den er bei seinem Aufenthalt in New York 1939 bei einem Vortrag persönlich gehört hat. Bei demselben Aufenthalt las er dessen Schrift über *The Kingdom of God in America*[29]. Doch seine Überlegungen zum ‚verantwortlichen Selbst' trug Niebuhr erst Jahrzehnte später vor; veröffentlicht wurden sie 1963. Unabhängig davon, dass Niebuhr auf Bonhoeffers Überlegungen zur Verantwortungsethik keinen Einfluss haben konnte, ist der Ansatz sehr zu würdigen, mit dem er den responsorischen Charakter des Menschen als ein zentrales Element der Anthropologie und damit auch der Ethik ins Licht rückt; im deutschen Sprachbereich haben erst jüngst Hans Joas und Georg Kalinna dazu Wichtiges beigetragen.[30] Der Vergleich mit Niebuhr veranschaulicht den Schritt in unerforschtes Gelände, den Bonhoeffer im Sommer 1942 mit seinen Überlegungen zur „Struktur verantwortlichen Lebens"[31] unternommen hat. Deshalb finde ich Bonhoeffers Denken im Blick auf die Ethik genauso wichtig wie im Blick auf die Kirchentheorie.

---

[29] Helmut Richard Niebuhr: The Kingdom of God in America, New York u.a. 1959.

[30] Georg Kalinna: Der Mensch als antwortendes Wesen. Gedanken zur gegenwärtigen Verantwortungsethik. Mit einem Vortrag von H. Richard Niebuhr. Mit einem Geleitwort von Hans Joas, Zürich 2021.

[31] Dietrich Bonhoeffer: Ethik, hg. von Ilse Tödt u.a. 2 (Werke Bd. 6), Gütersloh ²1998 (1992), S. 256–289.

Darüber hinaus kann man immer wieder fruchtbar darüber streiten, was man aus seinen späten Reflexionen für eine Religionstheorie lernen kann. In meinem Buch zu Bonhoeffer habe ich zu zeigen versucht, dass man dafür einige Irrtümer, die er in seine Argumentation eingebaut hat, aufklären muss. Dieser kritisch-konstruktive Umgang mit Bonhoeffers Ansätzen zu einer Religionstheorie wird bei eingefleischten ‚Bonhoefferianern' am wenigsten rezipiert. Besonders befremdlich ist daran für manche die Aussage, radikal seien Bonhoeffers Überlegungen nicht an der Stelle, an der sie die Diagnose einer religionslosen Zeit präsentieren. Sondern radikal sind sie an der Stelle, an der er zurückgehen will auf die Frage nach der Lebenshaltung, nach der Plausibilität der Lebensform und sich deswegen kritisch von einem Religionsverständnis abwendet, das sich auf wenige herausgehobene Anlässe im Jahr beschränkt, in denen Religion eine Rolle spielt, damit man sich im Übrigen von ihr entlastet fühlen kann. Sein Prüfstein für den Umgang mit Religion ist das Verständnis des Glaubens als Lebensakt.

Das sind, sehr kurz gefasst, drei Punkte bei Bonhoeffer, an die man angesichts unserer heutigen Fragestellungen und Problemlagen anknüpfen kann. Über diese Themen hinaus kann man nur dankbar dafür sein, in ihm einer Person zu begegnen, bei der Denken und Handeln eine Einheit bilden, die ihren Glauben vorbildlich lebt und ihn gleichzeitig in eindrücklicher Weise reflektiert. Das ermutigt dazu, dass wir in unserer Situation nicht das Gleiche, aber etwas Analoges tun.

RA: Was ja gleichzeitig auch bedeuten würde, doch auch massive Transformationen in den Materialteilen bei Bonhoeffer vorzunehmen.

WH: Ja.

RA: Ich sehe darin einen ganz besonderen Wert des entsprechenden Kapitels in ihrem Bonhoeffer-Buch, dass hier ein populäres und gerade bei denen, die sich so emphatisch auf Bonhoeffer berufen, so weit verbreitetes Missverständnis geradegerückt wird. Es ist eben keine bürgerliche Religion der Innerlichkeit, die dem Theologen Bonhoeffer vorschwebt, sondern eine ethische Theologie, ein Glaube, der als eine umfassende Lebenshaltung zu stehen kommt.

CA: Vielleicht gibt es noch einen vierten Punkt: Ich weiß nicht, ob Bonhoeffer auch erhellend wirken könnte im Blick auf die Rückbau- und Strukturwandelprozesse, vor denen die Kirchen der Gegenwart stehen. Zuspitzend: Spielt Bonhoeffer für *Kirche der Freiheit*[32] irgendeine Rolle? Oder wo endet dann auch die Orientierungskraft von Bonhoeffer?

WH: Ich glaube, im Blick auf kirchliche Strukturfragen hat er nicht wirklich sehr viel beizutragen gehabt. Das Wichtigste ist, dass er – das klingt jetzt sehr traditionell – gerade in Krisenzeiten gute Theologie und das Vermitteln guter Theologie für unentbehrlich gehalten hat. Dazu gehört auch seine Bereitschaft, das in neuen Formen zu tun. Er hat das nicht ausschließlich an der Universität getan; zum Weg in die Pfarrerausbildung der Bekennenden Kirche hatte er sich schon entschieden, als noch nicht vollständig klar war, dass Erich Seeberg[33] für den Verlust sei-

---

[32] S.u. Anm. 122.

[33] Erich Seeberg (1888–1945) war Professor für Kirchengeschichte in Berlin. Als Berater im Reichswissenschaftsministerium hatte er Zugang zur nationalsozialistischen Kulturpolitik und verfügte über entsprechende Einflussmöglichkeiten.

ner Lehrbefugnis an der Berliner Universität sorgen würde. Während der ersten Zeit in Finkenwalde fuhr er regelmäßig nach Berlin, um seine *venia legendi* an der Theologischen Fakultät wahrzunehmen. Zugleich war er fest davon überzeugt, dass dem Predigerseminar eine Schlüsselstellung zwischen Studium und Beruf zukam und dass diese Naht theologisch sauber geführt werden musste. Dies war ihm so wichtig, dass er deswegen den Lebensplan, nach Indien zu gehen, aufgab. Er schreibt noch im Oktober 1934 in einem erst unlängst entdeckten Brief an Gandhi, es gäbe nichts, was ihn von dieser Reise abhalten könne. Und dann ist es genau der Ruf der Bekennenden Kirche, der ihn davon abhält.

Sein Beispiel zeigt, dass in Krisensituationen gute Theologie in besonders dringlicher Weise nötig ist. Das muss eine Theologie sein, die nicht nur die gegebene Praxis nachvollzieht, sondern für diese Praxis auch Neues bereitstellt. Das lässt sich an Bonhoeffers Beispiel – aber natürlich auch von anderen – lernen. Doch weil es in seinem Fall in den Auswirkungen für die persönliche Biographie so einschneidend war, entwickelt es eine so starke innere Plausibilität. Für Bonhoeffer war die Entscheidung, 1935 nicht nach Indien zu gehen, ähnlich dramatisch wie die Entscheidung, 1939 aus den USA wieder nach Deutschland zurückzukehren. In gewisser Weise sind das die stärksten traumatischen Lebensentscheidungen, die er getroffen hat. Im ersten Fall hat dies mit der Frage zu tun: Was muss für die Kirche geschehen? Mit einem gefährlichen und oft missverstandenen Wort sage ich: Die Trägerinnen und Träger ihres Schlüsselberufs müssen so gut auf diese Aufgabe vorbereitet sein wie irgend möglich. Und im zweiten Fall war zu sagen: Wenn die Lage es verlangt, muss man bereit sein, das eigene Leben zu riskieren, um dem eigenen Land eine Zukunft zu eröffnen. So lässt sich das Gemeinsame dieser beiden lebensentscheidenden Weichenstellungen verstehen. Auch in unseren ganz anderen Situationen ergeben sich Konsequenzen im Blick auf die eigene Existenz, die eigene Zukunft, aber auch für die Frage, wie wir als Kirche mit den jetzigen Krisenentwicklungen umgehen. Ist es richtig, die Selbstverkleinerung (nicht nur im quantitativen, sondern auch im qualitativen Sinn) zur Maxime zu machen? Oder ist es die Aufgabe, dem nachzugehen, was ich vorhin als plausible Lebensform beschrieben habe, und dabei zu erreichen, dass Vielfalt anerkannt und gestärkt wird, aber doch so, dass das Vielfältige sich auf eigene, vielleicht überraschende Weise in einem erkennbaren Bild zusammenfügt.

RA: Dieser Aspekt leuchtet mir sehr ein. Gerade darum würde ich hier gerne noch einmal nachfragen: Was lässt sich in diesem Zusammenhang von Bonhoeffers Denken für heute noch übernehmen? Mein Eindruck ist, dass die von ihm angedeuteten Aufgaben, das theologische Durchdenken der notwendigen Reformen für die Kirche, doch weitestgehend unerledigt geblieben sind. Diese Aufgaben sind zwar immer wieder als notwendig beschrieben worden, dennoch ist es letztlich nicht gelungen, einen intensiveren Diskurs über die Ausarbeitung einer an die gegenwärtigen gesellschaftlichen Verhältnisse angepassten, theologisch verantworteten Kirchentheorie anzustoßen. Offenbar sind die Beharrungskräfte im Blick auf die traditionellen Strukturen so stark, dass entsprechende Debatten schnell ins Leere laufen. Auch im Anschluss an das von Ihnen angestoßene Reformprojekt *Kirche der Freiheit* war das nicht anders. Wichtige Fragen blieben und bleiben bis heute offen: Soll die Kirche sich – Sie hatten sich daran beteiligt – vorrangig als Moralagentur verstehen? Soll sie als kleine Gruppe einen Vorbildcharakter haben, und wenn ja, für was sollte sie Vorbild sein, welche Organisationsform soll sie dabei annehmen? Diese Fragen haben Sie angestoßen, an ihnen haben Sie mitgedacht. Aber ich denke doch, dass die Aufgaben nach wie vor unerledigt sind und dass uns aus dem Werk Bonhoeffers letztlich nur die Beschreibung der Problemlage weiterhelfen kann, nicht aber die Lösungsvorschläge.

WH: Vielleicht muss man das sogar noch schärfer sagen. Die im Blick auf die Gestalt der Kirche am häufigsten aufgenommene Aussage Bonhoeffers ist die Formel von der ‚Kirche für andere'. Ich werde nicht müde, darauf hinzuweisen, dass dies eine verkürzte und, wenn man diese Verkürzung nicht reflektiert, in dieser Verkürzung sogar unzutreffende Formel ist. Sehr plakativ gesagt: Die Kirche muss eine Kirche *mit* anderen sein, bevor sie eine Kirche *für* andere sein kann. Damit will ich sagen: Es müssen Menschen miteinander da sein, damit sie für andere da sein können. Ich kann nicht den Körper der Kirche ausweiden, so dass schließlich gar nichts mehr da ist, und dann sagen, wir sind Kirche für andere. Inzwischen regt es mich richtig auf, in welcher Weise diese Formel kontextlos verwendet wird.

Überscharf sagt Bonhoeffer: „Die Kirche ist nur Kirche, wenn sie für andere da ist."[34] Christian Gremmels hat meines Wissens als erster auf die Bonhoeffersche Verwendung des Wörtchens ‚nur' aufmerksam gemacht. Wann immer er dieses Wort pointiert einsetzt, ist eine gewisse Alarmstufe gegeben. Bezogen auf einen konkreten Kon-

[34] Bonhoeffer: Widerstand und Ergebung (s. o. Anm. 2), S. 560.

text will er radikal zuspitzen, damit die Zuhörenden oder Lesenden endlich merken, wie viel auf dem Spiel steht. Wenn das ‚nur' statt zuspitzend dogmatisierend verstanden wird, wird es falsch. Sogar im Blick auf das ‚Schreien für die Juden' wird der vielleicht berühmteste ‚Nur'-Satz Bonhoeffers – ‚Nur wer für die Juden schreit, darf auch gregorianisch singen'[35] – dann falsch. Jedes Mal, wenn man das ‚nur' aus der Situation herausnimmt, entstehen, mit Verlaub gesagt, grottenfalsche Sätze: ‚nur' der Gehorsame glaubt, ‚nur' der Glaubende ist gehorsam. Sich einzubilden, man könne solche Sätze einfach übernehmen und aus ihnen ein Konzept für die Kirche der Zukunft ableiten, führt zu nichts. Leider merkt man das auch daran, dass dieselben Menschen, die gerne die Formel von der ‚Kirche für andere' zitieren, den einzigen konkreten Kirchenstrukturvorschlag, den Bonhoeffer im *Entwurf für eine Arbeit* vom August 1944 macht[36], verschweigen, weil sie zumeist hauptberuflich bezahlte und mit einem Pensionsanspruch ausgestattete Mitarbeitende der Kirche sind. Dass sie stattdessen alle ihr Pfarramt ehrenamtlich neben einer vollen Tätigkeit in einem anderen Brotberuf wahrnehmen sollten, ist von keiner Pfarrergeneration seit der Veröffentlichung von Bonhoeffers Vorschlag in *Widerstand und Ergebung* als realistisch angesehen worden.

---

[35] Der Satz ist in Bonhoeffers Werk so nicht nachweisbar. Vgl. dazu Heinrich Bedford-Strohm: „Nur wer für die Juden schreit, darf auch gregorianisch singen" – Dietrich Bonhoeffer und die Juden, in: Musik und Kultur im jüdischen Leben der Gegenwart, hg. von Max Peter Baumann, Tim Becker und Raphael Woebs, Berlin 2006, S. 89–106, 89.

[36] Vgl. Bonhoeffer: Widerstand und Ergebung (s.o. Anm. 2), S. 556–561.

Ich habe manchmal damit kokettiert, dass ich als Bischof eine Büste von Bonhoeffer in meinem Amtszimmer stehen hatte und mich gelegentlich gefragt habe, was er wohl zu diesem oder jenem Problem sagen würde. Die Erfahrung mit dieser Art von Fragen hat mir die Antwort erleichtert, wenn Menschen mich im Blick auf heutige Probleme fragen: ‚Was würde denn Bonhoeffer dazu sagen?' Ich behaupte dann, er würde die Antwort verweigern, weil es nicht darum geht, was er dazu sagt, sondern was wir dazu sagen. Aus den Bruchstücken seiner späten Überlegungen, deren Fragilität ich eben beschrieben habe, lässt sich nicht ableiten, dass wir von der Aufgabe entlastet werden könnten, unsere eigenen Antworten auf die Herausforderungen unserer Zeit zu erarbeiten und selbst zu entscheiden, was jetzt ansteht.

CA: Das ist ein extrem wichtiger Imperativ. Es kommt nicht darauf an, was er sagt, sondern was wir sagen. Es gibt ja neben vielen anderen Phänomenen im Zusammenhang des kirchlichen Strukturwandels auch die Neigung, nach Autoritäten Ausschau zu halten, die einem da ein bisschen weiterhelfen könnten.

WH: Für andere Fragen gilt das ganz genauso. Wenn wir Bonhoeffer fragen würden, wie wir heute mit unserem identitätspolitischen Diversity-Management umgehen sollen, und uns dabei seine eigenen Formulierungen zu Hilfe nähmen, würden wir auf Haltungen stoßen, die wir aus heutiger Sicht befremdlich fänden. Das war seine Zeit. Ob wir zu seiner Zeit schlauer gewesen wären, können wir gar nicht wissen. Aber jetzt sind wir verantwortlich dafür, mit unseren Problemen nach bestem Wissen und Gewissen umzugehen, und dies in einer Form, in der wir nicht neue Orthodoxien hochziehen.

CA: Zu schwärzende Stellen gibt es ja auch in anderen heiligen Texten.

II. Freiheit

HMH: Niemand ist für sich alleine frei. Kann man so einfach und simpel die Hubersche Freiheitsidee beschreiben? Im Zentrum steht ein Konzept kommunikativer Freiheit. Als Verfassungsjurist bin ich kantianisch geprägt und denke Freiheit in der Unterscheidung von Freiheit und realen Freiheitsbedingungen: Es gibt die Freiheit von staatlichem Zwang und dann gibt es normativ nachgeordnet den Bereich der Freiheitsermöglichung, die Förderung von Freiheitsbedingungen. Wenn ich das richtig sehe, ist die Idee der kommunikativen Freiheit eben doch stärker hegelianisch gedacht, dabei über die Rezeption von Theunissen[37] stark beeinflusst. Die Idee kommunikativer Freiheit haben Sie parallel oder zeitlich etwas versetzt zum Oeuvre Habermas' entwickelt, das in eine solche Richtung ging: Freiheit immer schon als eine soziale Praxis zu denken, sie im kommunikativen Vollzug zu denken, sie immer auch vom Anderen her zu denken. Das ist so eine Art nichtkantisches Freiheitsdenken, das theologisch begründet ist. Trifft das die Sache?

WH: Das trifft die Sache. Es ist natürlich kompliziert und ich gebe zu, dass ich der systematischen Durcharbeitung dieses Freiheitsverständnisses die Intensität, die es braucht, nicht umfassend genug gewidmet habe. Das hat viele Gründe; zu ihnen gehört auch, dass das Thema un-

[37] Michael Theunissen (1932–2015) war ein deutscher Philosoph.

geheuer schwer und vielschichtig ist, so dass man ihm auch gern ausweicht, weil anderes vordringlich zu sein scheint. Dann hatte ich längere Zeit – vor allem als Bischof und Ratsvorsitzender – wirklich anderes zu tun und habe trotzdem an dem Freiheitsthema im begrenzten Maß des Möglichen weitergearbeitet. Ich kann meine derzeitige Vorstellung davon, worin die Schwierigkeit liegt und wohin mich das Thema vielleicht weiterführt, nur durch den Hinweis verdeutlichen, dass für mich von Anfang an, wenn man überhaupt Theorieheroen bemühen will, hinter denen man sich versteckt, eine Kombination zwischen Kantbezug und Hegelbezug vorlag. Der Hamburger Theologe Michael Moxter hat gezeigt, dass dies ein nicht vollständig geklärter Punkt bei mir ist.[38] Dabei ist im Gesamtzusammenhang meiner Arbeiten zuzugeben, dass ich eher bei Kant als bei Hegel in die Schule gehe, soweit man das so nennen kann. Dass ich Kants Grundfigur nicht vollständig übernehme, hängt mit dem Vorhaben zusammen, jede derartige Rezeption mit einer theologischen Anthropologie zu verbinden und nicht einfach ein philosophisches Versatzstück an deren Stelle zu setzen. Die theologische Anthropologie verlangt es nach meiner Überzeugung, den Menschen als Beziehungswesen zu verstehen. Die Formel, die ich mir dafür zurechtgelegt habe, schließt ein Stück weit an Luther an; doch das geschieht stärker systematisierend, als es bei ihm der Fall ist. Sie besteht in der Idee vom Menschen als vierfachem Beziehungswesen: in Beziehung zu Gott, zur Welt, zum Mitmenschen und zu sich selbst. Eine besondere Pointe

[38] Michael Moxter: Recht und kommunikative Freiheit. Überlegungen zur Rechtsethik Wolfgang Hubers, in: Kommunikative Freiheit. Interdisziplinäre Diskurse mit Wolfgang Huber, hg. von Heinrich Bedford-Strohm u. a., Leipzig 2014, S. 109–125.

daran und zugleich der interessanteste Punkt für die Debatte mit der Münchner Tradition, wenn ich abgekürzt so reden darf, besteht in der Art und Weise, in der ich Individualität als Selbstbeziehung verstehe und somit in die relationale anthropologische Grundstruktur einbeziehe. Denn wenn es durchhaltbar und konsequent ist, die Individualität als Selbstbeziehung zu denken und von daher Sozialität und Individualität nicht als gegeneinander stehende Kategorien zu betrachten, sondern unter dem Gesichtspunkt des kommunikativen Charakters, also des Beziehungscharakters menschlicher Existenz die Selbstbeziehung als ein unaufgebbares Element in grundlegenden Bezügen zu sehen, ist das für das Verständnis von Freiheit in der Theologie und darüber hinaus von großer Bedeutung. Wenn man dem weiter nachspüren und es in stärkerem Maß systematisch ausarbeiten würde, könnten sich manche Debatten vielleicht noch einmal anders darstellen, als wir sie in den zurückliegenden Jahrzehnten geführt haben. Dann geht es nicht mehr darum abzuwägen, was wichtiger ist, die Individualität oder die Sozialität – eine Abwägung, bei der ich häufig als jemand angesehen werde, der die Sozialität wichtiger nimmt als die Individualität. Das entspricht zwar nicht meiner Intention; aber ich leiste einem solchen Verständnis manchmal selber Vorschub.

So wäre es sicher gut gewesen, wenn ich in meinem an Johann Gottfried Herder anschließenden Text über Humanität mehr über Individualität gesagt hätte – zumal der Aufsatz von der Redaktion mit der Überschrift versehen wurde: „Humanität schliesst Pflichten gegenüber anderen ein“[39]. Meine Akzentsetzung mag damit zusammenhän-

---

[39] Wolfgang Huber: Johann Gottfried Herder: Humanität

gen, dass ich in der Gegenwartskultur eine starke Neigung dazu wahrnehme, Selbstbezüglichkeit und Selbstbestimmung absolut zu setzen. Im Bereich der Rechtskultur bildet die neuere Rechtsprechung des Bundesverfassungsgerichts dafür ein Beispiel. Was in der Gesellschaftstheorie von Andreas Reckwitz als Gesellschaft der Singularitäten beschrieben wird,[40] ist keineswegs nur eine Erfindung des Soziologen, sondern etwas, was er in der sozialen Wirklichkeit meint auffinden zu können, was er aber gleichzeitig höchst wirksam verdoppelt und dem er damit gewollt oder ungewollt eine normative Bedeutung für die Gegenwartsgesellschaft zuerkennt. Es handelt sich also nicht nur um ein unentrinnbares Geschick, sondern um etwas, was man aktiv ausgestalten soll. Dagegen richten sich bei mir, man mag es so nennen, im strengen Sinn theologische Einwände, die ich am einfachsten formuliert begründet finde in dem, was ich das dreifache Gebot der Liebe nenne. Es schließt die Liebe zu sich selbst ein, betont sie aber nicht stärker als die Liebe zum Nächsten und zu Gott; beiden gegenüber kommt ihr kein Vorrang zu. Je länger ich darüber nachdenke, desto mehr verwahre ich mich innerlich dagegen, entscheiden zu müssen, welche von diesen Beziehungen die wichtigste sei und sehe stattdessen im Beziehungscharakter der menschlichen Existenz als solchem das Wichtigste und verbinde damit den Wunsch, dass viele Menschen eine Lebensform finden, in der die verschiedenen Beziehungen, in denen sich das menschliche Leben vollzieht, als gleichbedeutsam zur Geltung kommen.

---

schliesst Pflichten gegenüber anderen ein, in: Neue Zürcher Zeitung, 6. September 2021, S. 9.

[40] Andreas Reckwitz: Die Gesellschaft der Singularitäten, Berlin 2017.

RA: Aber das ist dann natürlich doch im Kern ein hegelianisierendes Argument, wenn das wahre Ziel die Harmonie der Gegensätze ist. Ich bin mir gar nicht sicher, ob die beschriebenen Differenzen eigentlich mit dem Verweis auf den Beziehungscharakter der menschlichen Existenz, die mit einer Ich-Orientierung kontrastiert werden können, richtig erfasst sind. Liegt das eigentliche Problem nicht dort, wo man danach fragt, wie eigentlich die Konstellationen der Nicht-Harmonie aufgelöst werden? Ethisch gesprochen: wenn die beschriebenen Beziehungsdimensionen miteinander in Konflikt geraten? Wie wird das balanciert? Ich glaube, das ist doch der Punkt, an dem die Debatte im Augenblick steht und an dem die Akzente unterschiedlich gesetzt werden. Und obwohl das Untergliedern und Kontrastieren nach Denkschulen mir gar nicht liegt: Ich würde sagen, die Differenzbeschreibung zwischen ihrer Position und der liberalen Tradition liegt doch darin, dass letztere festhält, solche Spannungen im Konfliktfall von der Selbstbeziehung her auzulösen. Und das hat seine theologische Form darin, dass die Gottesbeziehung über den Gewissensbegriff an der Selbstbeziehung hängt. Der Glaube bindet zunächst die Einzelnen. Dabei ist nie geleugnet worden, dass eine Sozialbeziehung, dass eine Kirchlichkeit mit berücksichtigt werden muss. Aber es wird doch festgehalten, dass in letzter Konsequenz der heilsschaffende Glaube individueller Glaube ist, und dass die damit ausgesprochene Gottesbeziehung natürlich sozial vermittelt ist, aber im Konfliktfall irreduzibel an der individuellen Überzeugung hängt. Ich glaube, das ist der Streitpunkt, an dem die Debatte im Augenblick steht. Beide Lesarten sind dabei in einer Beweispflicht. Meiner Meinung nach krankt die liberale Tradition daran, dass sie zu wenig den

Sachverhalt berücksichtigt, dass niemand sich selbst den Glauben geben kann. Es bedarf dieser Beziehung und dieser Traditionskontexte, es bedarf des Historischen. Eine entgegensetzte Position aber hat mit dem Problem zu kämpfen, dass die latente Gefahr, nein: die manifeste Gefahr besteht, über den Beziehungsgedanken den Eigenwert und das Eigenrecht des Individuums zu schwach werden zu lassen. Ihr ist dann die Beziehung wichtiger als das Individuum. Wenn man das mal dogmatisch durchspielt, dann kommt man von einem solchen Ansatz im Grunde entweder bei einer katholischen oder ordnungstheologischen Position an. In beiden Fällen werden die Beziehungen sehr viel über das Strukturelle modelliert und lassen die Perspektive des Einzelnen dabei zu schwach werden. Das scheint mir die Problemlage zu sein. Ich glaube, bezüglich der Idee der Balance und der Bedeutung der Beziehungsebenen gibt es überhaupt keinen Dissens. Es geht um die Frage, wie das kritische, das konfliktentscheidende Moment zu stehen kommt. Da, denke ich, ist es vielleicht auch eine Frage unterschiedlicher Zeitgenossenschaft. Aus meiner Perspektive würde ich sagen, dass nicht die übersteigerte Subjektivität, sondern eher deren Leugnung das Problem darstellt. Also die andere Seite der Diagnose von Reckwitz, die Stereotypisierung.

CA: Alle singularisieren sich. Das ist ja genau der kulturkritische Impuls in der Diagnose Reckwitz'.

WH: Ok.

HMH: Daran zeigt sich zugleich ja auch: In diesen sozialen Kontexten gibt es ein Moment der Unfreiheit. Wie bekommt man das kritisch zu greifen? Ist es nicht sinnvoll, einen Teil dieser Freiheitsproblematik in die Gerechtigkeitsfrage zu verschieben? Spricht nicht doch etwas für eine stärkere Betonung individueller Freiheit, weil man über die Gerechtigkeitsfrage die sozialen Beziehungen besser greifbar bekommt und damit auch das Problem, dass in sozialen Beziehungen Unfreiheit herrschen kann?

WH: Aber auch in der Selbstbeziehung herrscht Unfreiheit, weil es sich jeweils um konkrete Menschen handelt. Und ich will jetzt keine aktuellen Konkretisierungen aus Erfahrungen der jüngsten Zeit heranziehen; aber wir wissen doch alle, dass es eine Unerreichbarkeit der Selbstbeziehung des Einzelnen gibt, die tödlich enden kann. Das heißt, die Individualität ist im Konkreten kein Garantiepanzer oder irgendetwas dergleichen für die persönliche Freiheit. Wir kommen also nicht darum herum, dass es im Konkreten bei diesen Beziehungen in allen Richtungen und Verkoppelungen schiefgehen kann. Wenn wir vom Konflikt ausgehen, ist alles möglich. Es gibt ohne Zweifel Situationen, in denen es das Beste ist, die Individualität zu achten und zu schützen; aber es gibt andere Situationen, in denen es verheerende Konsequenzen hat, wenn wir die Individualität sich ohne Einspruch und ungehindert entfalten lassen. Dann mag es sein, dass das Recht mich verpflichtet, diese Individualität trotzdem zu schützen; aber ich habe keinerlei Gewähr dafür, dass es ethisch oder von meiner Glaubensüberzeugung her das Richtige ist, im gegebenen Fall tatsächlich diesem Gesetz zu folgen. Wenn wir nicht über die Frage reden, worin der Rechtsbegriff der Freiheit besteht, sondern was ein theologisch fundierter, gehaltvoller ethischer Begriff der Freiheit ist, dann sehe ich keinen Grund für eine Gewichtung, die, wenn ich Sie richtig verstehe, ihre Plausibilität aus dem Konfliktfall zu gewinnen sucht. Und wenn ich vom Konflikt ausgehe, dann kann ich ja den Konflikt nicht mehr abstrakt definieren, sondern dann muss ich mich konkreten Konstellationen stellen. In den Konfliktkonstellationen kommt es darauf an, an welchem Punkt es schiefläuft. Im Blick auf die gegenwärtige gesellschaftliche Wirklichkeit in einem noch immer sehr wohlhabenden, wohlstandsgesättigten Land wie dem unsrigen sehe ich das größte Konfliktpotential nicht darin, dass im Zweifelsfall der Einzelne zu kurz kommt und dass dies systemisch durch ein falsches Bild des Menschen veranlasst ist, in dem seine Sozialität überbetont und seine Individualität vernachlässigt wird. Mein Bild von der Gesellschaft, in der wir leben, kommt mit einer solchen Deutung nicht zur Deckung.

HMH: Aber das ist doch das Ergebnis einer langen Lerngeschichte, in der sich die Generationen nach 1945 ja maßgeblich an den vorhergehenden Kollektivismen unterschiedlicher deutscher Provenienz abgearbeitet haben. Gehört nicht zur Erfolgsgeschichte der Bundesrepublik genau diese Sensibilität für das Individuum? Im Rechtlichen könnten wir das mittels der Menschenwürde durchbuchstabieren, in der politischen Kultur wird das sichtbar in den Liberalisierungsbewegungen der 1960er und 1970er Jahre, die dann Langzeitwirkung hatten bis heute, so dass wir uns eine politische Ordnung ohne permanente Reflexion des Schutzes des Individuums gar nicht mehr vorstellen können.

WH: Dagegen gibt es keinen Einwand. Dass dies als Fortschrittsgeschichte anzuerkennen ist, ist ebenso klar vorausgesetzt, wie dass ich nicht einem Kollektivismus vergangener Zeiten das Wort rede. Das ist deshalb klar, weil der Kollektivismus tatsächlich die Negation des Individuums ist. Und Freiheit bedeutet, in diesem Sinn die gleiche Würde jedes Individuums zu achten. Wenn man sagt, man habe den Vorrang des Individuums schon dadurch verpflichtend gemacht, dass man die gleiche Würde jedes Individuums festhält, dann stimme ich auf dieser Ebene zu. Denn dass jemand ‚ich' sagen kann, ist durch nichts zu überbieten. Aber dieses Ich entfaltet sich erst, indem es sich auch zu anderen Ichs ins Verhältnis setzt, von denen es lernen muss, deren Würde und deren Ich-Sein genauso ernst zu nehmen wie das eigene. Genau an dieser Stelle sehe ich die kulturelle Gefahr unserer Zeit. Es gibt dafür Konkretisierungen, die bereits abgegriffen sind, aber trotzdem richtig bleiben. Dass das Selfie etwas über den Zustand der Gesellschaft zeigt, mag oberflächlich sein, ist aber nicht falsch. Zu den großen Krankheitsbildern, mit denen wir uns gegenwärtig herumschlagen müssen, gehört der Narzissmus. Er ist ein Krankheitsbild, das keinerlei Verharmlosung duldet. Das sind Faktoren, die zeigen, dass man auf beiden Seiten vom Pferd fallen kann. Ich leugne nicht, dass man auf der Seite des Kollektivismus auch heute noch vom Pferd fallen kann, und wir haben tatsächlich demokratiegefährdende Tendenzen in dieser Richtung: Alle identitären Bewegungen, alle Formen eines neuen Populismus, auch der *renewal* von nationalprotestantischen Traditionen ist natürlich brandgefährlich. Aber ich will aus dem Hü und Hott solcher Betrachtungsweisen herauskommen und für ein Bild werben, bei dem man beide Gefahren gleich wichtig nimmt.

RA: Ich halte das für einen extrem interessanten Gesprächsgang. Denn es wird ja mehr und mehr deutlich, dass in der theoretischen Modellierung kein großer Dissens, vielleicht sogar gar kein Dissens besteht, wohl aber in der Problemwahrnehmung aus Zeitgenossenschaft: Wo sieht man eigentlich die Gefahr, wo sieht man die Schwierigkeiten? Hier stellen sich dann auf einer etwas abstrakteren Ebene doch sehr interessante Fragen, nicht zuletzt im Blick auf die Perspektivität der Wahrnehmung. So kann man ja zum Beispiel diese Selfie-Kultur auch genau anders lesen, nämlich so, dass sich hinter dieser Selfie-Kultur ein unglaublicher Kollektivismusdruck verbirgt. Sicher geht es vordergründig um Selbstinszenierung, aber faktisch geht es ja hier nicht um die Inszenierung des Selbst, sondern um das Genau-gleich-sein, wie alle sich inszenieren. Hier geht es also gerade nicht um Individualität. Genauso haben wir zum Beispiel auch eine sehr große Nachfrage nach Schönheitschirurgie. Auch hier steht der Drang nach absoluter Gleichförmigkeit dessen, was als hochindividuell wahrgenommen wird, nämlich des eigenen Körpers. Deswegen, glaube ich, besteht in keiner Weise ein Dissens, dass es um Balanceverhältnisse zwischen Individuum und Kollektiv geht, aber die Frage ist eigentlich doch die, auf welcher Seite das größere Gefährdungspotential gesehen wird. Und da würde ich mit Michael Heinig doch vielleicht sagen: Das Gefährdungspotential sehe ich eher auf der Seite der Beziehung und nicht auf der Seite des Individualismus, weil solche Beziehungen immer dazu neigen, übergriffig zu werden, das Individuum an den Rand zu drängen, ihm eben keine Spielräume mehr zu lassen. Und zwar in den banalsten Dingen, wie den Selfies und auch in den großen existenziellen Fragen. Darum scheint mir der entscheidende Punkt zu sein, ohne das andere zu leugnen: Wo wird und wie wird die Situation wahrgenommen und wo wird das größere Gefährdungspotential gesehen?

HMH: Und wenn man es so aufstellt, geht es nicht darum, eine Christentumsgeschichte als Modernitätsaffirmierung, die liberale Tradition, gegen eine kritische Tradition zu stellen, sondern zu schauen, wo der Ankerpunkt der Kritik ist. Beide sind dann kritisch aufgestellt, und die einen betrachten stärker systemische Eigenlogiken der Gesellschaft kritisch, betonen die sozialen Vollzüge, in die der Mensch immer eingebettet ist, warnen vor einer Hypostasierung des Individuellen – und auf der anderen Seite wird gezeigt, dass wir uns eigentlich den Menschen frei auch nur in freier Vergesellschaftung denken können. Dass eben traditionelle Gemeinschaft auch etwas Unfreies haben kann. Familie kann zugleich das Schönste oder das Bedrohlichste, das Grausamste sein, was man sich vorstellen kann. Wie kriegt man diese Ambivalenzen zu greifen? Wenn ich die Heidelberger Tradition und die Münchner Tradition anschaue, habe ich manchmal den Eindruck, beide versuchen ein ähnliches Problem zu packen zu kriegen, aber von je anderer Seite aus.

WH: Aber ist es nicht vielleicht doch so: Weil wir in der Wechselwahrnehmung finden, der andere gewichtet das, was mir selber wichtig ist, nicht so stark, wie ich das für notwendig halte, wird jeweils das Eigene als wichtig betont und das des Anderen als weniger wichtig. Dabei ist vielleicht die Wirklichkeit doch so geartet, dass das eine auf seine Weise ebenso wichtig ist wie das andere. Ich habe einen regelmäßigen Gesprächspartner, mit dem die Gespräche immer wieder auf denselben Punkt führen: den Tod seiner Frau vor inzwischen vielen Jahren. Auch nach dieser langen Zeit sagt er: Es gibt nichts Schrecklicheres, als keinen Partner zu haben.

Im Gespräch suche ich dann wieder und wieder mit ihm nach den menschlichen Beziehungen, die ihm so wichtig sind, dass sie ihm helfen, über diese Situation hinauszukommen. Wir reden über seine Kinder und Schwiegerkinder, über seine Enkel und seinen Entschluss, sonntags nach dem Gottesdienst wieder zum Stammtisch zu gehen. Der Stammtisch war akut gefährdet, weil die Gastwirtschaft andere Pläne für den Sonntagvormittag hatte; mein Gesprächspartner ergriff selbst die Initiative, dafür einen anderen Ort zu finden. So elementar kann der Wunsch nach verlässlicher Gemeinschaft sein. Vom Individuum lässt sich nicht ohne die Sehnsucht nach Resonanz sprechen, die der Soziologe Hartmut Rosa zu Recht als unaufgebbares Element des menschlichen Welt- wie Selbstbezugs betrachtet.[41]

Wenn man eine riskante Entwicklung vor Augen hat, kann man leicht komplementäre riskante Entwicklungen unterschätzen. Dafür, dies zu vermeiden, ist ein Gespräch, wie wir es gerade führen, sehr hilfreich. Es kann uns davor schützen, dass wir durch die Betonung des einen Risikos das komplementäre Risiko unterschätzen. Das Selfie wurde vorhin deshalb zu Recht als ein Beispiel dafür herangezogen, dass die Darstellung von Individualität einem kollektiven *comment* folgen kann. Durch eine solche Uniformierung von Individualität kann diese selbst aufhören, Individualität zu sein. Es ist übrigens sehr schwer, diese Gefährdung von Individualität im konkreten Fall zu besprechen. Man beißt auf Granit, weil jeder Angesprochene das für sich selbst zurückweisen würde. Jeder wird behaupten, dass die Verwendung eines Selfies oder die Freu-

---

[41] Hartmut Rosa: Resonanz. Eine Soziologie der Weltbeziehung, Berlin 2016.

de über eine große Zahl von Likes bei ihm etwas ganz Anderes bedeutet als bei allen anderen.

Auch unsere theoretischen Überlegungen sind jeweils mitbestimmt durch persönliche Prägungen und eigene Erfahrungen. In unsere Gesellschaftsdiagnosen gehen nicht nur verallgemeinerungsfähige Daten und generalisierte Beobachtungen ein. Alle Beteiligten an dieser Art von Austausch bringen zugleich eigene Umweltbeobachtungen ein, setzen persönliche Akzente und artikulieren Sorgen, die ihnen besonders wichtig sind – zum Teil aus systematischen, zum Teil aber auch aus kontingenten Gründen, wobei die kontingenten Gründe durchaus ein vergleichbares Recht haben können wie die systematischen. Das alles kann ich mir vorstellen. Weniger gut kann ich mir vorstellen, dass der anthropologische Reichtum, den wir in diesem Gesprächsgang umkreist haben, so reduziert wird, dass nur eine Beziehungsdimension der menschlichen Existenz als wichtig angesehen wird – und sei es die Beziehung des Individuums zu sich selbst.

CA: Mir wird in diesem Gesprächsgang klar, dass wir das Individuum in seinen unterschiedlichen Situationen anschauen. Sie haben ganz besonders kulturelle Formationen ins Auge gefasst, also auf das Individuum in seinen Sozialbezügen, in seinen kommunikativen Bezügen usw. geblickt. Richtet sich das Prae der liberalen Tradition für das Individuum aber nicht auf eine ganz andere Situation des Individuums, nämlich auf das Individuum in seiner Schwäche? Auf den Einzelnen in den Momenten, in denen er bedrängt ist durch äußere Konstellationen, in denen er sich selbst nicht helfen kann, in denen er von Beziehungen bedrängt zu werden droht? Ist in diesem Sinne dieses liberale Prae für das Individuum nicht eigentlich – wenn ich mich so ausdrücken darf – eine Option für den Schwachen? Mit anderen Worten: Gilt diese Austariertheit aller Freiheitsbezüge, die Sie gerade geschildert haben, nicht lediglich für das selbstständige, gesunde, autonome, autarke Individuum? Vielleicht haben wir in den unterschiedlichen Traditionen ganz verschiedene Zustände des Individuums im Blick. In religiöser Hinsicht ließe es sich so durchbuchstabieren: Das Prae für das Individuum in religiöser Hinsicht soll den Einzelnen doch schützen, sofern er von der Zumutung bedroht wird, etwas glauben zu sollen oder meinen oder gar tun zu sollen, was er selbst eigentlich nicht kann oder will. Hier ist die liberale Tradition extrem empfindlich, und hier votiert sie für den unbedingten Vorrang eines Schutzes des Einzelnen. Erst in den Momenten, in denen der Einzelne religiös selbstständig ist, selbstständig bewegungs- und orientierungsfähig, da gelten all diese Austariertheiten der Beziehungen, wie Sie sie gerade geschildert haben. Man kann das liberale Prae aber auch im Blick auf diese anschaulich machen. Es richtet sich auf das Individuum, sofern es in Situationen steht, in denen es in diesen Beziehungen erdrückt zu werden droht, von der Gottesbeziehung, von Sozialbeziehungen, von der Weltbeziehung und auch von der Selbstbeziehung.

WH: Aber dann hat man, meine ich, einen Individualitätsbegriff, der gar nicht mit einem Prae für die Selbstbeziehung gleichgesetzt werden darf, sondern einen Individualitätsbegriff, in dem ‚Individualität' das Ensemble der Beziehungen des Menschen meint. Das ist aber schwer zu kommunizieren, warum wir dafür dann noch ‚Individualität' und nicht ‚Person' oder ‚Mensch' sagen. Im Blick auf Individualität oder Person haben Reiner Anselm und ich uns schon vor vielen Jahren einmal ausgetauscht und hatten dabei unterschiedliche Vorlieben. Dass der Individualitätsbegriff vor allem mit der Verletzlichkeit und der Verletztheit identifiziert wird und das Eintreten für die Individualität mit der vorrangigen Option für die Armen und Vulnerablen gleichgesetzt wird, ist ein interessanter und gewichtiger Vorschlag. Aber immer erschließt sich mir das nicht, wenn theologische Loblieder der Individualität erklingen.

HMH: Aber wenn man nicht gleich auf die ethischen Konsequenzen blickt, sondern von der theologischen Anthropologie ausgeht, dann ist doch klar, dass man selbst und der Nächste immer gleich verletzlich, gleich erlösungsbedürftig sind. Es gibt Debattenstränge im deutschen Protestantismus, in denen ganz vergessen wird, dass auch sehr wohlhabende Personen, beruflich sehr erfolgreiche Personen verletzliche Menschen sind, erlösungsbedürftig, gebrochen, verzweifelt. Vor jedem Blick auf die Sozialstruktur gilt in der theologischen Anthropologie doch, dass auch der nach außen Starke, Erfolgreiche, das Leben Bewältigende zugleich potentiell ein Armer, Schwacher, Zuwendungsbedürftiger ist. Gibt es, zwar nicht bei Wolfgang Huber, aber in der Tradition Hubers, wie sie sich ausgebildet hat, und in der Tradition eines Linksprotestantismus, die Gefahr, dass die Anthropologie und die sozialethischen Konsequenzen zu eng zusammengezogen werden? Und dass andere dann aus dem Blick geraten? Vielleicht nähern wir uns so dem Problem noch einmal. Auch die reiche Millionärswitwe bedarf der Zuwendung, des Trostes, mag verzweifelt sein und ist in dem Sinne arm dran trotz großem Bankkonto. Und das hat doch auch Konsequenzen, etwa für die Frage, wo muss sich die Kirche engagieren, in welcher Form muss sie sich aufstellen. Wer der Arme ist, der diesen Vorrang hat, das ist manchmal weniger klar als es in manchen Verlautbarungen scheint.

WH: Ich will das noch einmal mit einem vorangehenden Gesprächsgang verknüpfen: Es ist ja besonders verhängnisvoll, dass in der Vorstellung von einer ‚vorrangigen Option für die Armen' der Arme so oft einfach mit dem anderen gleichgesetzt wird. Das heißt: Man definiert das Arm-Sein, das Vulnerabel-Sein, das Verletzlich-Sein sogar noch aus der Kirche heraus. Man sagt: Das sind die anderen. Und definiert sich selber, welches individuelle oder kollektive Subjekt damit auch immer gemeint sein soll, implizit und vielleicht sogar ungewollt als den Starken. Das empfinde ich als sehr beunruhigend. Deshalb stimme ich Ihnen auf der jetzt erreichten Ebene vollkommen zu. Das Entscheidende, was aus diesem Argument zu lernen ist, besteht in der Erziehung zur Wahrnehmungsfähigkeit für die Individualität des anderen mitsamt aller Verletzlichkeiten – also zu lernen, dass es nicht nur darauf ankommt, meine eigene Individualität wahrzunehmen, sondern auf die Individualität des anderen als eine gleichursprüngliche Individualität ebenso zu achten wie auf meine eigene. Das ist, so können wir jetzt einmal zugespitzt sagen, Sinn und Inhalt des christlichen Liebesgebots.

CA: Ich würde noch weitergehen. Im liberalen Sinne beansprucht die Wahrnehmung von Schutzbedürftigkeit gar nicht, diese Schutzbedürftigkeit vollständig zu durchschauen. Gerade weil sie undurchschaubar ist, hat sie ihr Eigenrecht gegenüber allen Versuchen, sie zu normieren, zu uniformieren. Das scheint mir das vorhin gemeinte liberale Prae zu sein. Und deswegen finde ich es auch unverändert nachvollziehbar, dass das unter dem Grundbegriff der Individualität subsumiert wird.

WH: Ja, wenn man zugibt, dass das Schutzbedürfnis, das wach wird, wenn man einen Menschen in einer solchen Situation wahrnimmt, auch ein eigenes Schutzbedürfnis einschließt. Wichtig bleibt mir, dass da eine Beziehung herrscht, in der nicht nur ich, sondern auch der andere eine Rolle spielt.

RA: Wir sind ja über den Kirchenbegriff zu diesen Überlegungen gekommen. Es könnte interessant sein, diese Fährte wieder aufzunehmen und die unterschiedlichen Akzentsetzungen der Problemwahrnehmungen mit der Frage zu verbinden, welche Instanz eigentlich über die Beziehungsdimension wacht. Es gibt ja zwei Weisen, solche Beziehungen zu beschreiben. Man kann sie als Beziehung selbst beschreiben. Dann muss man klären, wer eigentlich das Subjekt einer solchen Beschreibung ist. Oder man beschreibt die Beziehung konsequent von den Beteiligten her, mit der Folge, dass jede Seite diese Beziehung unterschiedlich beschreiben kann. Die liberale Position würde ich tendenziell bei dieser letztgenannten Vorgehensweise verorten. Denn sie hat große Reserven gegenüber der Verselbständigung der Beziehung als Beziehung und dringt darauf, dass diese Beziehungen als dienlich aus der Sicht der Beteiligten wahrgenommen werden. Vorsicht lässt die liberale Tradition walten, wenn irgendeine Instanz für sich die Auslegungskompetenz beansprucht zu sagen: diese oder jene Konsequenz ergibt sich aus der Achtung der Beziehungsdimension, ohne hinreichend sensibel dafür zu sein, dass diese Beziehung von den Beteiligten sehr unterschiedlich wahrgenommen werden kann. Das liegt auf der Linie dessen, was Christian Albrecht vorhin sagte. Was die einen für einen Schutz halten, können die anderen als Korsett empfinden. Und für dieses Problem sensibel zu bleiben, das scheint mir der besondere Akzent und das besondere Interesse der liberalen Tradition zu sein. Es gibt Vulgärfassungen dieser liberalen Haltung – etwa die, die diese Individualitäten voneinander isoliert oder die, die behauptet, es gebe nur eine einzige. Das ist natürlich unangemessen. Die entscheidende Frage ist: Sind wir hinreichend dafür sensibilisiert, dass niemand Drittes über die Beziehungsqualität von zwei anderen ein Urteil sprechen kann? Das ist, um es theologisch zu rekonstruieren, der Impetus der reformatorischen Kritik gegen die römische Kirche. Es kann keinen Dritten geben, der über die Beziehungsqualität zwischen dem Individuum und Gott urteilt. Das scheint mir der theologisch-dogmatische Grund der Sache zu sein. Und das bedeutet dann aber, dass beide Seiten, dass immer die jeweilige Person einer Beziehung, ein individuelles Recht haben müssen, diese Beziehung zu beurteilen. Hier liegt in meinen Augen der entscheidende Punkt, der sich dann auch auf das Kirchenverständnis auswirkt. Die große Problemgeschichte der Kirche verbindet sich dabei damit, dass sie sich immer wieder angemaßt hat, die Hüterin und Beurteilungsinstanz der Beziehungsqualität zu sein – in allen Sachen: in der vorreformatorischen Kirche im Blick auf den Glauben, lange Zeit in der ganzen Frage der Familienethik, im Blick auf die familialen Beziehungen, aber natürlich auch im Verhältnis zum Staat, darüber können wir vielleicht auch noch reden. Und dann habe ich die Lerngeschichte der Theologie nach 1945 so begriffen, dass sie erkannt hat: Diese Rolle können, diese Rolle dürfen wir nicht mehr spielen. Es geht nunmehr darum, dafür zu sorgen, dass jede und jeder die Beziehungsdimension in den Blick nehmen muss. Um es etwas schicker zu sagen: Es geht darum, Empowerment zu betreiben dafür, dass jeder und jede den anderen und die andere immer mitberücksichtigt, wobei das Ergebnis dann für alle Beteiligten gleichermaßen in Ordnung sein muss.

WH: Gut, aber gleichzeitig entwickelt sich keine dieser Beziehungen im luftleeren Raum. Und bei aller Bereitschaft, Beziehungen nicht von außen beurteilen zu wollen, ist es ein sinnvolles Vorhaben, eigene Beziehungen so zu führen, dass jedenfalls die Chance besteht, dass andere auch etwas im Gang der Generationen daraus lernen können. Bei allen Fehlern, die die Kirche gemacht hat, wird sie – um wieder auf die plausiblen Lebensformen zurückzukommen – jedenfalls auf keinen grünen Zweig kommen, wenn sie nicht auch in Zukunft versucht, ein Ort zu sein, an dem Menschen plausible Lebensformen erfahren können. Die nötige Selbstkritik der Kirche und ihr eigenes Angewiesensein auf die Zusage der Rechtfertigung des Sünders, die uns in der Gegenwart so hautnah vor Augen steht, wird nicht durch eine Minimalisierung ihres Auftrags erfüllt, nämlich Menschen dabei zu helfen, – man kann es zur Entspannung auch mit dem ehemaligen Bischof der Kirchenprovinz Sachsen Axel Noack sagen – fröhlich zu leben und getröstet zu sterben. Da sehe ich ein großes Problem einer Fassung von Liberalität, die Selbstzurücknahme als ausreichende Antwort auf vergangene Fehler ansieht.

RA: Selbstzurücknahme oder aber eben die Fokussierung auf das Empowerment, also die Kirche strikt daran zu messen, dass sie jedem Einzelnen und jeder Einzelne zu einem solchen fröhlichen Leben und getrösteten Sterben verhelfen kann, und zwar so, dass es sich jeweils an den Bedürfnissen des Einzelnen orientiert – ich will in keiner Weise sagen, dass mit dieser Minimalbestimmung das beschriebene Problem schon gelöst ist, auch wenn mir es nicht so wenig zu sein scheint. Wenn man darüber hinausgeht, lautet aber die entscheidende Frage doch: Wie kann man die unbestrittene Notwendigkeit, mehr zu tun als nur Zäune aufzubauen, dass es keine Übergriffigkeiten gibt, so gestalten, dass dies nicht unter der Hand wieder bevormundend wird? Das ist, glaube ich, das Problem, für das wir alle in unterschiedlicher Weise eine Lösung suchen. Denn dass es jede Menge unterstützende Strukturen braucht, um so eine Individualität zu leben, das ist unbestritten. Aber wenn man diese Strukturen beschreibt, dann ist darin immer eine Normierung des guten Lebens eingeschrieben und das soll es ja auch. Nur: Was ist, wenn das Individuum diese Orientierung des guten Lebens nicht mehr mitmachen will oder wenn es sich darin nicht findet? Das ist, glaube ich, das Problem, vor dem wir stehen und für das wir letztlich von unterschiedlichen Ansatzpunkten her Lösungen suchen. Ich habe darauf auch noch keine Antwort. Ich kann das nur als Frage in den Raum stellen.

WH: Das führt auf die – nach meiner Meinung auch noch nicht gelöste – Frage nach dem Verhältnis zwischen dem Guten und dem Rechten. Ungelöst ist sie insofern, als wir die Fragen nach dem guten Leben sehr oft nach dem Muster des für alle geltenden Gesetzes zu beantworten versuchen, statt zu definieren, für welche Fragen das für alle geltende Gesetz nicht nur im juristischen, sondern auch im moralischen Sinn des Rechten gilt, und für welche Bereiche gilt, dass Fragen des guten Lebens gestellt sind, für die Einzelne und Gruppen jeweils spezifische Antworten finden. Die verallgemeinerungsfähigen Regeln des Rechten sollen in dieser Betrachtungsweise gerade ermöglichen, dass Menschen auf die Frage nach dem guten Leben unterschiedliche Antworten geben können, von denen ihrerseits wieder gilt, dass sie kompatibel sein müssen mit dem für alle geltenden Gesetz. Auch die Rede vom Individuum lässt sich nicht lösen von der Frage nach dem Rechten, das Bedingungen dafür benennen soll, dass die unterschiedlichen Weisen, von der je eigenen Freiheit Gebrauch zu machen, miteinander koexistieren können. Doch der individuelle Freiheitsgebrauch braucht zugleich die starken Antworten, die jedes Individuum auf die Frage nach dem guten Leben gibt. Die Pointe ist dabei, dass dies nicht nur unterschiedliche Antworten sein können, sondern unterschiedliche Antworten sein müssen. Denn unsere Welt würde kollabieren, wenn alle Menschen auf die Frage nach dem guten Leben nur identische Antworten gäben. Insofern ist es eine Freiheitsnotwendigkeit, die Frage nach dem Rechten so zu beschränken, dass sie sich wirklich nur auf das bezieht, was notwendig ist, damit die Menschen im Bereich des Guten unterschiedliche Antworten geben können. Auf diesem Auge war Kant vollkommen blind. Sein Kategorischer Imperativ ist nichts anderes als ein Prüfverfahren für Maximen des Rechten. Deswegen kann ich an seinen Exzessen im Blick auf die Frage nach dem Guten kein gutes Haar lassen. Doch auch Hegel hilft mir nicht weiter, sondern ich suche eher bei modernen Freiheitstheorien aus dem Bereich von Isaiah Berlin und anderen Beistand.

III. Menschenrechte

HMH: Der Rechtshistoriker Samuel Moyn hat vor einiger Zeit ein viel beachtetes Buch veröffentlicht, in dem er markiert, dass das Zeitalter der Menschenrechte eigentlich erst in den 1970er Jahren so richtig begann.[42] Und damit korrespondiert ja in gewisser Weise auch das Werk Wolfgang Hubers, der – *cum grano salis* – in den späten 1970er Jahren Interesse fand an diesem Thema Menschenwürde, Menschenrechte. Bis zu dieser Zeit hatte das Thema keinen so prominenten theologischen Ort. War Ihnen das damals bewusst, Teil einer breiten politischen und wissenschaftlichen Bewegung zu sein, die global zu einer normativen Neuorientierung geführt hat? Worin besteht die Vorgeschichte dieser ja auch theologisch innovativen Vorgehensweise?

WH: Ich glaube, Vorgänge wie insbesondere die Schlussakte von Helsinki[43] und alles was dazugehört, haben da eine große Rolle gespielt. Daran war das Charakteristische oder Aufregende, dass plötzlich die Sprache der

[42] Samuel Moyn: The Last Utopia. Human Rights in History, Cambridge 2012.

[43] Am 1. August 1975 unterzeichneten die Staats- und Regierungschefs der 35 Teilnehmerstaaten an der Konferenz für Sicherheit und Zusammenarbeit in Europa (KSZE) in Helsinki eine Schlussakte, die den Willen zu einer blockübergreifenden Zusammenarbeit dokumentiert und unter anderem die universelle Bedeutung der Menschenrechte anerkennt.

Menschenrechte einen Verständigungshorizont zwischen Menschen in Ost und West auftat. Das war auch theologisch und kirchlich sehr aufregend, weil es die Möglichkeit in sich enthielt, dass man beispielsweise zwischen Christen in der DDR und in der Bundesrepublik darüber reden und eine gemeinsame Grundlage entwickeln konnte angesichts heterogener politischer und gesellschaftlicher Situationen. Was in Helsinki geschah, hatte eine weit über die deutschen Verhältnisse hinausreichende Bedeutung. Aber relativ schnell habe ich damals erfahren, dass Manfred Stolpe[44] dafür gesorgt hat, dass die Schlussakte von Helsinki in der DDR weit verbreitet wurde. Er hat die Tatsache, dass die Schlussakte von Seiten der DDR unterschrieben worden war, dazu benutzt, sie als ein Instrument einzusetzen, gegen das man staatlicherseits nichts einwenden konnte. Gleichzeitig hat, von einer ganz anderen Seite her, Jimmy Carter[45] die Menschenrechte zu einem großen Thema gemacht. Zwar waren die Menschenrechte durch die Allgemeine Erklärung der Menschenrechte der UN 1948 stets in irgendeiner Weise im Bewusstsein, aber nicht so dominant. Jetzt waren sie plötzlich mit einer Perspektive politischer Veränderungen und der Möglichkeit einer gesellschaftlichen Meinungs- und Willensbildung versehen wie vorher nicht. Vor diesem Hintergrund haben wir überlegt, wie eigentlich die theologische Lage im evangelischen Bereich im Umgang

[44] Manfred Stolpe (1936–2019), vor der Wende Konsistorialpräsident der Ostregion der Evangelischen Kirche Berlin-Brandenburg und nach der Wende Ministerpräsident des Landes Brandenburg, war von 1969 bis 1981 Leiter des Sekretariats des Bundes der Evangelischen Kirchen in der DDR.

[45] Jimmy Carter (geb. 1924) war von 1977 bis 1981 Präsident der USA.

mit den Menschenrechten ist. Es zeigte sich, dass es, jedenfalls im Bereich der deutschsprachigen Theologie, nur ganz wenig Vorläufer gab, Emil Brunner und Dietrich Bonhoeffer sind da vor allem zu nennen, und dass die neuen Arbeiten, die es in der Mitte der 1970er Jahre gab oder die ab der Mitte der 1970er Jahre erschienen, höchst heterogen waren. Die einen sagten, man müsse die Menschenrechte theologisch direkt aus dem Recht Gottes auf den Menschen ableiten; die anderen sagten, man müsse die Menschenrechte von theologischen Überlegungen säuberlich freihalten, um sie in ihrem Rechtscharakter zu bewahren, indem man sie gerade eigenständig sein lässt. Und die dritten versuchten, einen Weg zu gehen, der die Menschenrechte in ihrem säkularen Charakter rezipierte, aber zugleich nach spezifisch christlichen Zugangsmöglichkeiten zu ihnen suchte. Die Idee war, den geschichtlichen Charakter der Menschenrechtsentwicklung anzuerkennen, den geschichtlichen Gründen für die Zurückhaltung der Kirchen gegenüber den Menschenrechten nachzugehen und zu fragen, ob es denn wirklich gute theologische Gründe dafür gegeben hatte, sich von ihnen abzuwenden. Ist es berechtigt, zu sagen, die Freiheit des Menschen sei zu gefährlich, als dass man sie auch noch durch Menschenrechte sanktionieren soll? War das eigentlich ein sinnvolles theologisches Argument? Auf diesem Wege suchten Heinz Eduard Tödt und ich einen Zugang zur theologischen Interpretation zu finden, der gleichzeitig dadurch geprägt war, dass wir die Menschenrechte als ein Paradigma dafür genommen haben, dass die Theologie, wenn sie sich an einer Debatte über solche Fragen beteiligt, ihrerseits zu einer interdisziplinären Anstrengung bereit sein muss, also keinen Monopolanspruch auf die Interpretation der Menschenrechte erheben kann.

Das versuchten wir in einem Buch[46], von dem wir hofften, dass es über den Kreis der Fachtheologen hinaus rezipierbar sei. Es war ein spannendes literarisches Abenteuer, das wir in kurzer Zeit und als ein echtes Gemeinschaftswerk geschrieben haben. Für mich war außerdem noch spannend, dass die wissenschaftliche Beschäftigung mit dem Thema bald darauf mit Situationen zusammentraf, in denen ich praktisch mit Menschenrechtsverletzungen und dem Eintreten von Christen und Kirchen für die Menschenrechte befasst war. Verschiedentlich konnte ich das aus der Nähe wahrnehmen und mit Menschen sprechen, die in solchen Auseinandersetzungen eine wichtige Rolle spielten. Am intensivsten erlebte ich das in Südafrika in der Auseinandersetzung mit der Apartheid. Ich entwickelte dabei eine große Bewunderung für Menschen, die Kopf und Kragen, Freiheit und Leben bei der Art und Weise riskierten, in der sie sich für gleiche Bürgerrechte einsetzten. Wolfram Kistner[47], der schüchtern wirkende, aber sehr einprägsame, aus deutscher Tradition stammende, weiße Südafrikaner, der die Aktivitäten des südafrikanischen Kirchenrats zu diesem Thema koordiniert und vorangetrieben hat, lud mich 1986 zu einem Vortrag beim südafrikanischen Kirchenrat ein. Wir hatten danach noch einige Tage Zeit und nutzten sie, um aufs Land zu fahren und seine Schwester zu besuchen. Als wir beim Haus seiner Schwester ankamen, waren wir von einem Konvoi von Polizeiautos umgeben; ich erlebte, wie er dort inhaftiert und ins Gefängnis gebracht wurde. Das war schockierend und unvergesslich. Die tiefe Achtung für diesen Kampf

[46] Wolfgang Huber / Heinz Eduard Tödt: Menschenrechte. Perspektiven einer menschlichen Welt, Stuttgart / Berlin 1977.

[47] Wolfram Kistner (1923–2006) war ein südafrikanischer lutherischer Pastor und Gegner der Apartheid.

und die Art und Weise, in der Menschen sich davon in Anspruch nehmen ließen, hat mich seitdem begleitet. Bei demselben Anlass habe ich Desmond Tutu[48] kennengelernt. Ich fragte ihn, ob er ein Bild davon habe, wie das Südafrika aussehen solle, für das er sich einsetzte. Er verblüffte mich mit der Antwort: „Der Kampf, den wir jetzt durchfechten müssen, nimmt mich so in Anspruch, dass ich nicht die innere Freiheit habe, mich zurückzulehnen und darüber nachzudenken, wie mein Land aussehen soll, wenn dieser Spuk vorbei ist. Erst einmal müssen wir das durchfechten." Die Tatsache, dass ich Südafrika vor dem Ende der Apartheid besucht und in seinen Schlüsselproblemen kennengelernt habe, war für mein Verhältnis zu diesem Land, seinen Kirchen und seiner Theologie bleibend wichtig. In der Apartheid-Zeit habe ich mich darum bemüht, Auswirkungen der Apartheid möglichst unmittelbar wahrzunehmen; so bat ich beispielsweise darum, einige Tage in einer Township leben zu können. Von daher habe ich Südafrika vor Ende der Apartheid in verschiedenen Hinsichten wahrgenommen und dabei gemerkt, dass für Menschen in solchen Situationen Menschenrechte nicht nur ein Konstrukt, nicht nur eine juristische Formel, nicht nur ein Anlass für internationale Konventionen oder Präambeln von Verfassungen sind, sondern zu einem Teil ihres eigenen Lebens werden und Kraft dafür geben, die nötigen Kämpfe durchzuhalten.

HMH: Das beschreibt ja anschaulich auch Erfolgsbedingungen der Semantik von Menschenrechten, die sowohl einer Ost-West-Konstellation geschuldet sind, wie Sie sie

[48] Desmond Tutu (1931–2021) war ein südafrikanischer anglikanischer Geistlicher und vielfältig engagiert im Kampf um die Menschenrechte.

eingangs beschrieben haben, als auch einer Nord-Süd-Konstellation. Hier lässt sich der konkrete Kampf gegen erlebte Ungerechtigkeit mit einem utopischen Überschuss verbinden. Das kann man mit der These von Moyn verbinden: Das Moment politischer Utopie, das global zugänglich und verallgemeinerungsfähig war, über verschiedene politische Systeme hinweg, trug zum Erfolgsmodell der Menschenrechte bei. Vielleicht hat dieser utopische Überschuss es auch erleichtert, seitens der Theologie Anschluss zu finden, weil es eben doch ein transzendierendes Moment in diesem Menschenrechtsdenken gibt: gesellschaftliche Verhältnisse transzendierend, den Status quo transzendierend, aber auch offen für den Transzendenzbegriff in den Begründungsfiguren von Menschenrechten.

WH: Ja, das gilt bis zum heutigen Tag. Mit immer größerer Klarheit merken wir, dass die für alle Menschen gleich geltende Würde des Menschen die Grundlage dafür ist, mit Differenzen und Unterschieden, mit Diversität so umzugehen, dass man Menschen in ihrer Verschiedenheit als Gleiche anerkennt. In gewisser Weise durchleben wir gerade eine weitere Stufe in der Durcharbeitung dieser Grunderfahrungen. Dabei wüsste man gar nicht, wie man mit ihnen umgehen sollte, ohne dass man von der Vorstellung der gleichen Würde jedes Menschen und deren Konsequenzen für die individuellen Menschenrechte Gebrauch macht. Das schließt übrigens an das Thema der Individualität an, das uns in diesem Gespräch bereits beschäftigt hat. Noch einmal zeigt sich in einer eindrucksvollen Weise, wie notwendig es ist, Formen des gemeinsamen Lebens zu finden, in denen diese individuelle Würde und diese individuellen Rechte bewahrt und beachtet werden.

HMH: Wobei der Bruch mit der theologischen Tradition ja größer kaum sein könnte, wenn man sich daran erinnert, dass die Menschenwürde lange Zeit seitens prominenter Theologen unter dem Verdacht stand, zur Selbstvergottung des Menschen beizutragen. Texte aus den 1950er Jahren, selbst aus den 1960er Jahren zeigen noch, sowohl in der reformierten wie in der lutherischen Tradition, eine große Distanz zur Menschenrechtssemantik und argwöhnen, dass sich so Menschen an Gottes Stelle setzen wollen. Das hat sich völlig umgekehrt. Die theologische Semantik der Menschenwürde bildet heute ein ganz starkes normatives Moment. Kritisch könnte man fast fragen, ob die ubiquitäre Präsenz der Normativität der Menschenrechte nicht zu einer Depolitisierung, zu einer Art Entdemokratisierung führt, weil jedes Thema überdeterminiert wird mit menschenrechtlichen Erwägungen.

WH: Mich hat dabei ebenfalls interessiert, ob sich daraus auch Folgerungen für eine evangelische Rechtsethik über das Thema der Menschenrechte hinaus ergeben. Ob man von diesem Ausgangspunkt aus die Meinung, evangelische Theologie zeichne sich durch eine große Rechtsfremdheit aus, korrigieren könne, was ich in der Rechtsethik[49] versucht habe.

CA: Zeichnet sich in der hermeneutischen Anlage des Menschenrechtsbuches so etwas ab wie die Anerkennung von Eigenlogiken der unterschiedlichen Sphären und ist hier hermeneutisch die Anlage für die spätere Öffnung zur Kultur gegeben, über die wir später noch sprechen

[49] Wolfgang Huber: Gerechtigkeit und Recht. Grundlinien christlicher Rechtsethik, Gütersloh ^{3}2005 (1996).

möchten[50], und die Öffnung zu einem Dialog der Religionen, über die wir ebenfalls sprechen sollten[51]?

WH: Von den praktischen Schritten her gedacht, in denen das verlaufen ist, war es so, dass ich in der FEST in einen geistigen Zusammenhang geriet, in dem Interdisziplinarität das A und O war. Die Art und Weise, in der der weitere Kosmos anderer Perspektiven eröffnet wurde, war methodisch betrachtet der Gedanke der Interdisziplinarität. Das hat dabei geholfen, auf solche anderen Perspektiven neugierig zu sein und dabei nicht zu fürchten, dass man sich in diesen zunächst fremden Gebieten verlieren kann und kein methodisches Zentrum mehr hat. Das ist ja die Gefahr bei solchen Überlegungen.

CA: Aber ist nicht das, was Sie in der Menschenrechtsthematik entdeckt haben und dann in die Rechtsethik überführt haben, mehr als nur wissenschaftliche Interdisziplinarität, sondern tatsächlich ein theologisches Programm, das mit manchen eingespielten Selbstverständlichkeiten bricht? Das Menschenrechtsbuch atmet doch den Geist der Entdeckung einer relativen Gleichwertigkeit unterschiedlicher historischer Traditionen: Die Entstehung und Konjunktur des Begriffes der Menschenrechte, genauer: seiner von der christlich-theologischen Begrifflichkeit distanzierten Geschichte wird rekonstruiert und es wird deutlich gemacht, dass man sich theologischerseits gleichwohl mit der Anerkennung seiner eigenen Logik durchaus anfreunden kann. Mir geht es um die hermeneutische Operation, die damit verbunden ist. Mir scheint, dass sie in der Struktur der Öffnung genau das vorwegnimmt, was dann der Ratsvorsitzende im Blick auf

[50] S. u. ab S. 178.
[51] S. u. ab S. 85.

die Öffnung zur Kultur machen wird, indem er sagt, wir erkennen die Eigenlogik und das Eigenrecht dieser Größen an, enthalten uns aller übergriffigen oder vereinnahmenden Haltungen und schauen, welche Verbindungen und auch welche Unterschiede es da gibt. Das ist ja doch ein theologisch anspruchsvolles Programm der Selbstrelativierung bei allem Stolz auf die eigene Tradition, bei allem Festhalten an der eigenen Tradition. Dieses Programm zeigt sich insbesondere auch noch einmal in der Eröffnung des Dialogs mit dem Islam. Auch da ist der Ratsvorsitzende doch unerschrocken, unter der religionshistorisch informierten Eingangsvoraussetzung in das Gespräch zu gehen, dass die subjektive Höchstgeltung der jeweiligen religiösen Traditionen für die jeweiligen Angehörigen dieser Religion anerkannt wird, um einen aussichtslosen Streit um Universalansprüche zu vermeiden. Kann man sagen, dass das hermeneutische Operationen sind, die in dem Menschenrechtsbuch angelegt waren, auch wenn die späteren Ausweitungen in andere Bereiche natürlich noch nicht im Blick sein konnten?

WH: Das hängt vielleicht damit zusammen, dass mir von meiner Herkunft und meinem Aufwachsen her der Gedanke einer sozusagen monopolartigen und hermetisch abgeschlossenen Sphäre, in der ich selber zu Hause bin, nicht nahe lag. Weder hat mich das kirchliche Milieu so beherrscht, dass ich in ihm einen homogenen Zusammenhang gesehen hätte, der alles bestimmt, was vom Leben zu sagen ist, noch war die juristische Prägung meines Elternhauses und meiner Familie für mich so dominant, dass ich mich gar nicht getraut hätte, aus diesem Bereich auszubrechen. Von daher kann ich kein Datum in meiner Lebensgeschichte benennen, von dem an ich endlich kapiert hätte, dass diese unterschiedlichen Lebensbereiche alle einen Eigenwert und eine Eigenbedeutung haben. Es war eher umgekehrt: Was ich gelernt habe, war, auch der Theologie und dem christlichen Glauben einen Eigenwert und eine Eigenbedeutung zuzuerkennen. Denn dies habe ich sehr früh als das Bestrittene erlebt, etwa in Kontakten mit Naturwissenschaftlern in dem Heidelberger Studentenwohnheim, in dem ich im ersten Semester mit 17 Jahren landete.

HMH: Das berührt ja schon die Frage, wie man als akademischer Theologe Interdisziplinarität betreibt: weder in der Rolle des Platzanweisers, mit einem übergeordneten normativen Anspruch, noch unter Verzicht auf das spezifisch Theologische. Diese Interdisziplinarität ist wohl an der FEST eingeübt worden und in manchen ihrer Publikationen exemplarisch greifbar: weder eine Metanormativität zu beanspruchen, die dann alle anderen Disziplinen zur Seite wischt – das wäre dann gerade keine Interdisziplinarität – noch sich den anderen Disziplinen so anzuverwandeln, dass das spezifisch Theologische gar nicht mehr erkennbar ist. Das zieht sich ja doch wie ein roter Faden durch ihre rechtsaffinen Publikationen, schon in der Habilitationsschrift[52], dann in der Beschäftigung mit dem Menschenrechtsthema und letztlich auch in der Rechtsethik, in der Sie auf rechtsphilosophische Debatten eingehen, sie in ihrem relativen Eigenrecht zur Kenntnis nehmen, um dann aber doch noch einmal eine theologisch bewertende Perspektive darauf zu richten. So jedenfalls habe ich ihre rechtsethischen Bemühungen wahrgenommen. Damit kann man dann aus rechtswissenschaftlicher Sicht produktiv umgehen, weil man da das Eigene wieder-

[52] Wolfgang Huber: Kirche und Öffentlichkeit, Stuttgart 1973.

erkennt, aber auch noch einen Verfremdungseffekt hat, der das Interdisziplinäre ja überhaupt erst interessant macht.

RA: Es geht darum, theologisch zu bewerten und natürlich auch für die Theologie fruchtbar zu machen. Das ist ja auch eine Importbewegung, nicht nur eine Exportbewegung.

WH: In dem Friedensforschungsprojekt[53] haben wir genau das in relativ großem Stil versucht. Es war eine großartige Schule und zugleich eine wichtige Prägung, an diesem Beispiel mehr als ein Jahrzehnt lang solche interdisziplinären Perspektiven einzunehmen, auszuprobieren und dabei zu lernen, dass man die verschiedenen Sphären, wie wir das jetzt genannt haben, nicht hierarchisieren darf, nicht gegeneinander auszuspielen braucht, aber natürlich kritische Differenzen wahrnimmt und auf dieser Grundlage überlegt, wie Kritik und Affirmation sich zueinander verhalten können.

RA: Mich würde auch noch ein anderes Thema in der Menschenrechtsdebatte interessieren, sowohl im Blick auf das Menschenrechtsbuch, aber auch im Blick auf die weitere Resonanz des Menschenrechtsgedankens und vielleicht auch seiner Vorgeschichte in der evangelischen Theologie. Wenn ich es richtig sehe, hat die Theologie den kritischen Impuls des Menschenrechtsgedankens gerade

---

[53] In den 1960er und 1970er Jahren arbeiteten zeitweise bis zu achtzig Wissenschaftler und Wissenschaftlerinnen in unterschiedlichen Arbeitsgruppen an einem gemeinsamen Projekt, das nach dem Beitrag der Theologie und der Kirche zum Frieden als einer Bedingung menschheitlichen Überlebens in der Epoche der Massenvernichtungswaffen fragte. Zahlreiche Studien in unterschiedlichen Reihen und Kontexten dokumentieren dieses Projekt.

in der kantischen Tradition relativ konstant ignoriert, indem sie den Menschenrechtsgedanken im Grunde hegelianisch interpretiert hat und ihn dabei dann doch sehr schnell verbunden hat mit dem Gedanken der Sittlichkeit: Die Wahrnehmung von Menschenrechten ist immer nur so lange legitim, solange sie gebunden bleibt an die Organisationsform des Gemeinschaftlichen. Und die Theologie hat immer da und bis heute kritisch eingehakt, wo sich diese Menschenrechte *gegen* das Gemeinschaftliche profiliert haben. Insofern bin ich gar nicht so sicher, ob der Menschenrechtsgedanke für die Theologie tatsächlich etwas Neues mit sich gebracht hat, also tatsächlich das emanzipative Element, die Hochschätzung des Einzelnen mit einer Berechtigung versehen hat – oder ob es nicht doch so ist, dass der Menschenrechtsgedanke kirchlich und theologisch immer mit einem Imperativ verbunden wird, der diesem emanzipativen Grundzug entgegenwirkt: Die Wahrnehmung deiner eigenen Rechte musst du immer koppeln mit der Frage, ob das denn mit dem gelebten Ethos kompatibel ist. Und das eben nicht in der kantischen Frage, ob es kompatibel ist mit den Freiheiten anderer, sondern ob es mit einer Form gelebter Sittlichkeit in Übereinstimmung gebracht werden kann. Das scheint mir doch die theologisch dominante Linie zu sein, auf der die Menschenrechte dann rezipiert worden sind und werden. Wenn man es etwa im Blick auf die aktuellen bioethischen Debatten anschaut, dann sieht man das ganz deutlich: Wenn das Selbstbestimmungsrecht in Konflikt mit der vertretenen und vermeintlich gelebten Sittlichkeit kommt, dann wird das so strukturiert, dass man Abstriche von den Einzelnen fordert und von ihnen verlangt, immer danach zu fragen, ob sie im Kontext des Gemeinsamen unterwegs sind. Ich habe den Eindruck, dass die kritische Spitze des Menschenrechtsdiskurses, die darin besteht, dass das Individuum in sein Recht gesetzt und da auch zunächst niemand irgendwie hineinzureden hat, solange nicht die Freiheitsrechte eines anderen über Gebühr beschnitten werden, etwas ist, mit dem die Theologie nach wie vor eigentlich nichts anfangen kann. An dieser Stelle befindet die Theologie sich dann eben doch in einem ganz starken Dissens mit dem modernen liberalen Denken. Ich bin mir nicht sicher, ob die Harmoniegeschichte, die wir gerne erzählen über das Verhältnis von Theologie, Kirche und den Menschenrechten, wirklich in dieser Form aufgeht.

WH: Das führt noch einmal auf die Grundfrage nach Individualität und Sozialität zurück. Es ist nicht meine Auffassung, dass die Menschenrechte nur auf die Seite der Individualität gehören. Dass sie in sich selber auch ein korporatives Element enthalten, buchstabieren wir immer wieder am Beispiel der Religionsfreiheit durch. Aber es gibt auch andere Beispiele: Auch die Wissenschaftsfreiheit ist ein Grundrecht, das ohne Institutionalisierung nicht weit kommt. Wenn man die einzelnen Menschenrechte anschaut, begegnet dieses Miteinander immer wieder. Und es ist gut, richtig und angemessen, darauf zu beharren, dass diese Institutionalisierung ihrerseits überprüft werden muss an dem unzweifelhaften und unaufgebbaren Recht des Einzelnen, an dieser Institutionalisierung selber zu partizipieren und in ihr den eigenen Ort zu finden. Diese Rückkoppelung, die man dann methodisch auch als eine Rückkoppelung an die Menschenwürde als solche oder an das Selbstbestimmungsrecht thematisieren kann, ist natürlich unhintergehbar. Aber je präziser man über einzelne Menschenrechte redet, desto präziser gilt auch die Einsicht, dass ich als Einzelner, der von diesen Menschenrechten Gebrauch machen will, wissen und respektieren muss, dass derjenige, der rechts oder links von mir sitzt, das Recht hat, genau dieselben Rechte in Anspruch zu nehmen. Nur so kann die kantische Formel, von meiner Freiheit einen Gebrauch zu machen, der mit der Freiheit des Anderen zusammen bestehen kann, praktisch umgesetzt werden. Ich würde es niemals auf Hegel schieben, sondern diese Grundstruktur findet man auch bei Kant selbst: Wann immer es ins Rechtliche geht, muss diese Möglichkeit der Koexistenz der Freiheit des einen mit der Freiheit des anderen im Blick sein. Das gilt ebenso für die Arbeit an den institutionellen Bedingungen dafür, dass von dieser Freiheit Gebrauch gemacht werden kann. Unterhalb dieser Komplexität kann ich mir einen praktisch-politischen Umgang mit den Menschenrechten nicht vorstellen. Sie haben jedenfalls diese drei Grundelemente: erstens als Grundbestimmung des Rechtsstatus des Einzelnen, zweitens als Entfaltung in einer Form, in der der Rechtsstatus des Einzelnen mit dem Rechtsstatus des Anderen koexistieren kann und drittens als eine Sensibilität für die institutionellen Bedingungen dafür, dass von den Menschenrechten Gebrauch gemacht werden kann.

RA: Meines Erachtens liegt auch hier, wie schon bei der Diskussion um das Freiheitsverständnis und den sich daraus ergebenden Konsequenzen für die Kirche, der kritische Punkt bei der Frage, welche Perspektive letztlich als kritische Instanz geltend gemacht wird, wenn es zu Konflikten zwischen den Individualrechten und den Ansprüchen der Gesellschaft kommt. Und da scheinen mir doch der Menschenrechtsdiskurs, wie er sich politisch und rechtlich entwickelt und das Verständnis der Menschenrechte in der Theologie auseinander zu gehen. Die politisch-rechtliche Tradition scheint sich mir, derzeit zumindest, in die Richtung zu entwickeln, sehr stark die Individualrechte, mit ihnen also das Individuum, in den Vordergrund zu rücken, in ihnen die kritische Instanz zu verorten, während die theologisch-kirchliche Tradition mehrheitlich gerade diese Akzentsetzung zurückweist.

WH: Für welche Rechtssphären in unserer gegenwärtigen Welt würden Sie das behaupten?

RA: Zum Beispiel in allen bioethischen Debatten.

WH: Aber auch da nur in einem Teil der westlichen Demokratien.

RA: Ja, hier in der Bundesrepublik. Hier ist der kirchliche Reflex doch eigentlich immer, dass eine vermeintliche Überbetonung der Individualität eingehegt werden muss durch die Institution, und man tut sich nach wie vor extrem schwer damit, die Individualrechte zu stehen kommen zu lassen. Denn es läuft immer die Unterstellung mit, dass das Potential des Individuums destruktiv sei. Mit der kritischen Tradition des theologischen und kirchlichen Menschenrechtsdenkens wird die Überzeugung weitergeführt, dass gefährlich sei, wenn das Individuum seine Interessen verfolgt. Die in der kantischen Figur unterstellte Mündigkeit, dass es dem Einzelnen möglich ist, in einer reflektierten Weise von seiner Selbstbestimmung Gebrauch zu machen und im Begriff der Autonomie den Anderen mitzudenken, ohne dass die Institution dies immer für ihn machen muss, mit dieser Mündigkeit scheinen die kirchlichen Positionen nach wie vor Schwierigkeiten zu haben.

WH: Aber das ist jetzt eine andere Variante als die, die Sie vorher entfaltet haben. Jetzt haben Sie tatsächlich die Wahrnehmung der Situation des Anderen am Ort des Individuums selber festgemacht.

RA: Allerdings, aber eben in der skeptisch beäugten kantischen Tradition, während die in Kirche und Theologie dominante hegelianische Tradition die Orientierung am Anderen immer über die Institution gespielt hat. Ich glaube, dass diese hegelianisierende Variante in der Theologie eigentlich die dominante geworden ist oder geblieben ist.

WH: Ja, aber in einem Zusammenhang – das kann man außerhalb unseres bundesdeutschen Zusammenhangs vielleicht sogar noch dramatischer erleben –, in dem soziale Menschenrechte als die eigentlichen Menschenrechte gelten. In Südafrika nehme ich das natürlich als eine sehr, sehr starke Tendenz wahr. Da hat man, im Verfolg der politischen Neugestaltung, Lehrstühle für Menschenrechte errichtet, die programmatisch am Konzept der sozialen Menschenrechte orientiert sind. Dort wird es wirklich umgedreht und gesagt, das individuelle Recht kommt überhaupt nur dann zur Geltung, wenn es sozial eingebettet ist. Wie stark die Tendenz in der deutschen Theologie ist und in Teilen des kirchlichen Grundgefühls, dass nur die Sozialität des Menschen seine wahre Menschlichkeit bilde, will ich nicht abschließend beurteilen. Aber nach meiner Überzeugung ist es theologisch natürlich das Richtige, dem Einzelnen zuzutrauen, dass er die Situation des Anderen mitdenkt und nicht immer der Meinung zu sein, dazu müsse man die Rechte des Einzelnen zurücktreten lassen. Was ja in sich widersinnig ist, denn man kann auch die Rechte des Anderen nicht wahrnehmen, wenn man die Individualrechte sowieso zurücktreten lässt wegen einer dann wirklich diffusen und für die Individualität der Einzelnen vollkommen unempfindlichen Sozialität.

HMH: Insofern bieten die 1970er und frühen 1980er Jahren eine ganz andere gesellschaftliche Gemengelage, in die hinein überhaut diese Menschenrechtsdiskurse Wirkung entfalten. Inzwischen ist durch gesellschaftliche Pluralisierungsprozesse die Differenzsensibilität stärker geworden, so dass sich die Gewichte von einem freiheitsrechtlichen Menschenrechtsdiskurs stärker zu einem diskriminierungsrechtlichen Menschenrechtsdiskurs verschoben haben. Die Europäisierung trägt dazu natürlich auch bei. Das hat enorme Auswirkungen auf die bürgerliche Sphäre, wenn die Frage im Raum steht, ob ich noch die Freiheit habe, mich in Differenz zu organisieren, also abzugrenzen und damit zu differenzieren. Das spielt auch für die religiöse Praxis eine enorme Rolle – Stichwort: kirchliches Arbeitsrecht. Zum anderen gibt es drängende Fragen an unser Freiheitsverständnis etwa aus der Verhaltensökonomik: Wie vernünftig ist denn der Mensch? Die Rationalitätsanomalien, die die ökonomische Verhaltensforschung herausarbeitet, haben natürlich Rückwirkungen auf die Frage, wie wir Freiheitsdiskurse führen. Im Vergleich zu den 1980er Jahren sind paternalistische Intervention gesellschaftstheoretisch viel stärker positiv besetzt worden. Stichwort ‚Nudging', also ob man nicht den Menschen auf sanfte Weise hin zu seinem Glück schubsen muss, ob nicht der von der Wissenschaft aufgeklärte Staat ein überlegenes Wissen für den ‚richtigen' Lebensvollzug im Alltag hat – das sind mit neueren wissenschaftlichen Erkenntnissen geführte Debatten. Das geht bis hinein in die biopolitischen Konflikte um die Impfpflicht. Die Gemengelage ist diffus. Diejenigen, die einerseits harte Regelungen und staatliche Interventionen fordern, treten zuweilen zugleich mit einem übersteigerten Anspruch auf, in jeder Hinsicht souveräne Autoren ihres eigenen Lebens sein zu wollen. Die Beziehungskonstellation, dieses Balancieren von Freiheitssphären ist aus dieser Richtung auch noch einmal unter Druck. Wir haben also gleich drei Ansatzpunkte für veränderte Rahmenbedingungen für Menschenrechtsdebatten: Der starke Anspruch auf ein kuratiertes Selbst, die Rationalitätsanomalien des Individuums und die höhere gesellschaftliche Differenzsensibilität, die zu einem stärkeren diskriminierungsrechtlichen Approach führt, der gerade vergemeinschaftete Freiheitssphären unter Druck zu setzen vermag.

WH: Viele neue Aufgaben.

HMH: Eine theologische Ethik der Menschenrechte müsste da nicht neu geschrieben werden, aber sie müsste, glaube ich, solche gesellschaftlichen Veränderungen neu thematisieren.

WH: Ja, man kann auch sagen, die Idee der kommunikativen Freiheit muss unter diesem Gesichtspunkt …

HMH: … noch einmal neu durchbuchstabiert werden.

IV. Ethik

HMH: Wir kommen schon ganz organisch zum nächsten Themenblock, der Sozialethik. Hat die Beschreibung dessen, was man mit Sozialethik überhaupt will, sich nicht auch in dem Lichte dessen, was wir gerade systematisch zu erfassen versuchten, also seit den 1970er Jahren dramatisch verschoben, weil diese Pluralisierungsthematik sich so viel schärfer stellt? Weil Fragen des Rechten, mit Rawls gesprochen, gegenüber den Anfangsgründen der Sozialethik sich viel breiter aufgestellt zeigten und dieser Rekurs auf die Grenzen des allgemein Verpflichtenden sich in den 1970er und 1980er Jahren viel schärfer als früher ins Bewusstsein der sozialethischen Reflexion schrieben?

WH: Ich glaube, dass der Begriff der Sozialethik die Ambivalenz nie ganz losgeworden ist, die von seiner Entstehung im 19. Jahrhundert her mitgegeben war, nämlich, ob er stärker empirisch gesellschaftsbeschreibend ist oder stärker normativ auf Gesellschaftsgestaltung ausgerichtet ist. Und plausibel ist er eigentlich, wenn überhaupt, am ehesten im Blick auf die empirische Seite, wie es im ursprünglichen Namen des Münsteraner ‚Instituts für Christliche Gesellschaftswissenschaften' anklingt. Das Thema einer Christlichen Sozialethik besteht dann in der Frage, auf welche Probleme man stößt, wenn man auf die Gesellschaft mit einem christlichen Vorverständnis schaut, und welche Fragen dann besonders sorgfältig zu beachten sind. Als normativer Begriff unterstellt er, dass eine Sozialethik von einer anderen Ethik unterschieden wird. Wenn man diese Unterscheidung ausbuchstabiert, gerät man nach meinem Eindruck in ein noch etwas größeres Problem mit dem Individuum als bei unseren bisherigen Überlegungen, weil dann Individualethik und Sozialethik auseinandertreten. Wenn ich dann einen Lehrstuhl für Sozialethik übernehme, konzentriere ich mich auf ‚Nicht-Individualethik' – und das ist natürlich, mit Verlaub gesagt, ziemlich großer Unfug. Als ich in Marburg 1980 einen Lehrstuhl für Sozialethik übernahm, hatte die Frage nach der Terminologie für mich noch kein besonderes Gewicht; mein Vorgänger Dietrich von Oppen war Soziologe, so dass die Terminologie eine eigene Plausibilität zu haben schien. Als ich 1984 nach Heidelberg auf den 1963 für Heinz Eduard Tödt unter dem Titel ‚Sozialethik' neu geschaffenen Lehrstuhl berufen wurde, nutzte ich die erste sich bietende Gelegenheit, um die Umbenennung in einen Lehrstuhl für Ethik zu beantragen. Es gab damit innerhalb der Systematischen Theologie drei ordentliche Lehrstühle, wie man damals noch sagte: einen für Dogmatik, einen für Ethik und einen für ökumenische Theologie. Das war in sich konsistenter, als an dem Begriff der Sozialethik festzuhalten; auch Heinz Eduard Tödt hat das akzeptiert. Wenn ich darüber nachdenke, welche inneren Strukturierungen der Ethik es gibt, komme ich heute nicht auf die Idee, von Sozialethik zu reden, weil ich dann wieder in die oben schon genannte Sackgasse gerate, sondern ich unterscheide zwischen Personalethik, Institutionenethik und Professionsethik, weil ich so unterschiedliche Zugangsweisen zu ethischen Problemen voneinander unterscheiden kann. In meinem Ethik-Buch habe ich versucht, diese Unterscheidung in verschiedenen Themenfeldern immer wieder zur Geltung zu bringen. Man sollte diesen Vorschlag in seiner systematischen Reichweite nicht überschätzen, aber für die Darstellung der Ethik ist er meines Erachtens hilfreich. Dagegen hat der Begriff ‚Sozialethik' für mich keine tragende Bedeutung; vielmehr gehe ich davon aus, dass die Herausforderungen für die Ethik heute in der Aufmerksamkeit für diese drei Dimensionen bestehen, in denen ethische Fragen unter dem Handlungsaspekt zu betrachten sind. In meiner kurzgefassten Ethik bin ich so vorgegangen, dass ich die Haftpunkte der großen ethischen Themen am menschlichen Lebenslauf zum Ausgangspunkt genommen habe. Bei jedem einzelnen Thema zwischen Geburt und Tod gilt, dass es sowohl einen Aspekt personaler Verantwortung gibt als auch einen Aspekt institutioneller, insbesondere rechtlicher Regelung. Hinzu tritt jeweils der Aspekt eines spezifischen Berufsethos derjenigen Berufe, die sich mit bestimmten Aspekten der Lebenswirklichkeit, wie sie sich idealtypisch am Lebenslauf ablesen lassen, zu tun haben. Es gibt also keine Aufgliederung der Ethik nach Sachgebieten, derzufolge sich sagen ließe: Diese Sachgebiete gehören in die Individualethik, jene in die Sozialethik. Vielmehr gibt es die großen ethischen Themen, die vielschichtig und vieldimensional sind und deshalb immer Anschlussstellen zu anderen Disziplinen haben. Immer ist der Ethiker der Lernende, der mit Hilfe anderer Disziplinen wahrzunehmen versucht, was im Blick auf eine bestimmte Lebenswirklichkeit der Befund ist, den wir gegenwärtig in ethischer Perspektive zu beachten haben. Dann muss er zumindest diese drei Dimensionen in den Blick nehmen: Was ergibt sich nach der Klärung dieser Situation für das personale Verhalten? Was ergibt sich für die institutionellen Regelungen? Was ergibt sich für verantwortliches Handeln von Menschen, die in ihrem Berufsfeld damit zu tun haben?

RA: Das ist eine interessante Rekonstruktion der Frage. Man könnte noch einen Augenblick bei der Fokussierung auf die Sozialethik, deren Kritik ich absolut teile, verweilen. Müsste man die Kritik nicht fast noch schärfer formulieren und sagen: Diese Orientierung an der Sozialethik birgt die Gefahr, dass sie das, was wir vorhin mit dem Verantwortungsbegriff beschrieben hatten, auszuhebeln geeignet ist. Denn in diesem Denkmodell scheint es häufig so, als ob die Einzelnen eigentlich gegenüber den vorgegebenen sozialen Strukturen gar keine Handlungsmacht hätten. Sie finden sich darin vor und eigentlich ist es so, dass alle Probleme gesellschaftlich vorstrukturiert sind. Und ich würde sogar noch weiter gehen und sagen: Diese Auffassung ist gegenwärtig in der Theologie extrem prominent – vor allem auch in der Kirche. Eigentlich ist das Individuum immer nur der Büttel der sozialen Strukturen. Dementsprechend adressieren dann viele Stellungnahmen vorrangig, manchmal sogar ausschließlich, gesellschaftliche Strukturen: Wir müssen die gesellschaftlichen Strukturen ändern, dann kommt es zu positiven Veränderungen. Die bioethischen Stellungnahmen etwa zur Pränataldiagnostik aber auch zum assistierten Suizid tragen diese Handschrift. Hier scheint mir doch das Eigentliche des Ethischen verloren zu gehen, wenn man nicht – und das wäre die andere Möglichkeit – ganz neu soziale Strukturen als Subjekte von Verantwortung beschreibt. Ob das sinnvoll möglich ist, das ist in der Unternehmensethik ja viel durchdiskutiert worden. Ich möchte es doch eher bezweifeln und den Verantwortungsbegriff auf das Individuum beschränken und von dort aus begründen, dass Probleme der Ethik nicht primär durch die Veränderung der Gesellschaftsstruktur in den Blick genommen und gelöst werden können.

WH: Es sollten vielleicht zwei Fragen unterschieden werden. Einmal die Frage, welches Signal gibt eigentlich das Wort Sozialethik in dieser Hinsicht. Wir waren ja schon bei der Frage, wo fängt eigentlich die Rede von der Sozialethik an in dem Sinn, in dem wir seit den 1960er Jahren davon sprechen. Ich glaube, signifikant ist die Weltkonferenz für Kirche und Gesellschaft in Genf 1966, vor allem wegen des Schlagwortes der ‚Liebe durch Strukturen', die damals von Max Kohnstamm und anderen eingeführt wurde, sodann aber auch durch die ‚Theologie der Revolution', zu der Trutz Rendtorff und Heinz Eduard Tödt sich damals prominent geäußert haben[54]. Sozialethik im christlich-theologischen Sinn behauptet, so war damals die Idee, die sozialen Strukturen seien nicht undurchdringlich für das christliche Liebesethos, sondern man könne sie so öffnen, dass Liebe durch Strukturen möglich sei. Da sind wir zumindest nahe an den Problemen, die entstehen, wenn Liebe und Gerechtigkeit ununterscheidbar werden. Man hat damals, wie ich glaube – bei allem, was man dagegen vorbringen kann, dass Liebe und Gerechtigkeit hermetisch gegeneinander abgeschottet werden –, die Tür doch so weit aufgemacht, dass beides bisweilen ununterscheidbar wurde. Von daher hat Sozialethik dann auch den Beigeschmack erhalten, die Gesellschaft gesinnungsethisch mit moralischen Imperativen zu überziehen. Die ganze Moralisierungsdebatte, wie sie von

---

[54] Trutz Rendtorff / Heinz Eduard Tödt: Theologie der Revolution. Analysen und Materialien, Frankfurt am Main 1968.

Hermann Lübbe und anderen initiiert wurde,[55] hat hierin ihren Ursprung und ihr relatives Recht, wie man im zeitlichen Abstand zugeben muss und kann. Mein Motiv dafür, strikter zwischen personaler Verantwortung und institutioneller Regelung zu unterscheiden, beruht gerade darauf, dass nicht alles, was man im menschlichen Umgang miteinander für wünschenswert hält, ohne Rest auf die Institutionen zu übertragen ist. Vielmehr sind diese als der Rahmen zu verstehen, innerhalb dessen Menschen nicht nur vernünftig, sondern auch liebevoll miteinander umgehen können. In der Gefahr einer Überdehnung dieses Rahmens lag, so glaube ich, ein spezifisches Problem dieses sozialethischen Aufbruchs. Dessen Stärke bestand zugleich darin, dass er einen weltweiten ökumenischen Horizont eröffnete und früher die Probleme des globalen Südens kirchlich rezipierte, als das in anderen Zusammenhängen geschah. Diese praktischen Konsequenzen sind hoch zu achten. Aber aus einer systematischen Perspektive war vieles an diesem sozialethischen Aufbruch, im Rückblick betrachtet, noch keine Lösung des Problems. Es hat unter anderem, wie man vielleicht auch zu manchen Zügen meiner eigenen Arbeit an dieser Stelle sagen muss, zu friedensethischen Optimismen geführt, die wir heute so nicht mehr nachvollziehen oder jedenfalls nicht mehr prolongieren können. In den 1970er Jahren hätte ich mir noch nicht vorstellen können, zu schreiben, dass das Gebot ‚du sollst nicht töten' auch das Gebot einschließt, ‚du sollst nicht töten lassen', was meint: Du sollst nicht das Töten durch Dritte zulassen. Heute sehe ich die-

[55] Hermann Lübbe (geb. 1926) ist Philosoph mit einem Schwerpunkt in der Politischen Theorie. Zur Sache vgl. u. a. Hermann Lübbe: Politischer Moralismus. Der Triumph der Gesinnung über die Urteilskraft, Berlin 1987.

sen Satz als unentbehrlich für eine christliche Friedensethik an. Und ich weiß auch, welches Erstaunen es bei einigen und welche Erleichterung es bei anderen auslöste, als ich diese These in Zeitungsbeiträgen dezidiert verfocht und dabei deutlich machte, wo ich selbst Positionen verändert hatte – damit übrigens näher bei Bonhoeffer, als manche denken mögen. Bonhoeffer formulierte eine Schlüsselfrage seines Denkens und Handelns so: ‚Nicht, wie ich mich heroisch aus der Affäre ziehe, sondern wie eine künftige Generation leben kann, ist die entscheidende Frage'. Darin lag das Motiv für seine klare Unterscheidung zwischen einem christlichen Pazifismus und einem prinzipiellen oder ‚doktrinären' Pazifismus. Christlicher Pazifismus ist konkret und richtet sich auf die Frage, was wie getan werden kann, damit Menschen in Frieden leben können; prinzipieller Pazifismus löst sich von dieser Frage und orientiert sich daran, wie ich selber meinen eigenen Prinzipien gemäß handeln kann. Gleichzeitig muss man sagen, dass die Friedensbewegung der 1980er Jahre tatsächlich viel in Bewegung gebracht hat – wenn man an die Situation in der DDR denkt, dann dort noch mehr als in Westdeutschland. Insofern muss man die Debatte darüber mit allen nötigen Differenzierungen versehen. Aber dass wir mit den Positionen der 1960er und 1970er Jahre allein die großen Herausforderungen nicht bewältigen können, vor denen wir jetzt stehen und von denen wir keineswegs wissen, ob wir ihnen gewachsen sein werden, das scheint mir deutlich zu sein.

RA: Das weist ja noch einmal zurück auf den Gesprächsgang vorhin, in dem wir gesehen hatten, wie stark ethische Positionierungen von der Zeitdiagnostik abhängen: von den Zeitbedingungen, aber vor allem von der

Frage, wie man diese gerade wahrnimmt. Mir scheint das im Blick auf den Institutionenbegriff extrem plausibel. Man darf dabei aber nicht vergessen, dass Institutionen natürlich selbst zum Gegenstand ethischer Reflexion werden müssen, um nicht dem Missverständnis zu erliegen, diese seien einfach da und als solche dann auch nicht mehr modifizierungsbedürftig. Diesen Aspekt wollte die gehaltvolle Variante der Sozialethik schon auch mitdenken, auch wenn das dann zum Teil unvollständig blieb oder in eine falsche Richtung gegangen ist. Wenn man vor diesem Hintergrund noch einmal – als kleinen, erläuternden Exkurs – auf die Debatte um das Familienpapier der EKD[56] zurückblickt, dann sieht man, was dessen Gegner zu Recht hervorgehoben haben, dass nämlich dort die Kritik an der Institution überbetont wird, dass Institutionalität in Personalität aufgelöst wird. Der Streit um das Familienpapier ist aber zugleich ein Beispiel dafür, dass man auch nach der anderen Seite vom Pferd fallen und die Institutionen glorifizieren kann. Dies ist den Gegnern des Familienpapiers vorzuhalten, die die Personalität zu sehr hinter der Institutionalität zurücktreten ließen. Dahinter verbirgt sich eine große Aufgabe und ein vielleicht niemals endgültig lösbares Problem der theologischen Ethik, sondern etwas, das jede Generation für sich selbst neu bestimmen muss, nämlich: diese Justierung tatsächlich stets von Neuem vorzunehmen.

WH: Wenn man die konkrete Gestaltung der Institutionen anschaut, dann ist das, denke ich, mit dem Ansatz,

---

[56] Zwischen Autonomie und Angewiesenheit. Familie als verlässliche Gemeinschaft stärken. Eine Orientierungshilfe des Rates der Evangelischen Kirche in Deutschland (EKD). Im Auftrag des Rates der Evangelischen Kirche in Deutschland hg. vom Kirchenamt der EKD, Gütersloh 2013.

den ich skizziert habe, schon einigermaßen gut zu erreichen. Man muss dafür die Modifikationsbedürftigkeit von Institutionen in den Blick nehmen und dafür lebbare und gestaltbare Möglichkeiten entwickeln. Aber, da ich insgesamt den Eindruck hatte, dass evangelische Ethik manchmal dazu neigt, den Prolegomena mehr Aufmerksamkeit zu widmen als den konkreten ethischen Fragen, kam es mir entgegen, dass die Entstehungsgeschichte meines Ethikbuchs mich genau zum Umgekehrten verpflichtete. Deshalb habe ich mit Absicht eine Ethik geschrieben, die außerhalb der Theologie verständlich und um Konkretion bemüht ist.

HMH: Diese Abschichtung finde ich schon plausibel und man würde sich wünschen, dass kirchliche Verlautbarungen das stärker im Blick hätten, indem sie zwischen der persönlichen Lebensführung und der gerechten Gestaltung sozialer Verhältnisse sauber differenzieren und deutlich machten, wo das eine endet und das andere beginnt. Die Herausforderung aus einer ethischen Perspektive bestünde dann darin, zu schauen: Wie bilanziert man die Freiheitsgewinne von gesellschaftlichen Großentwicklungen wie funktionaler Ausdifferenzierung oder der Leistungsfähigkeit von Institutionen? Nicht die konkrete Gestaltung, sondern dass es überhaupt Institutionen gibt, hat auch einen enormen Entlastungseffekt und damit ein Freiheitsmoment: Ich muss eben nicht alles jeden Tag neu verhandeln, sondern da gibt es geronnene Erfahrung und Routinen. Das produziert aber wiederum Eigenlogiken. Was mich in der Beschäftigung mit dem Werk Hubers immer wieder umtreibt, ist Folgendes: Natürlich kann man diskutieren, wie soziale Strukturen gerecht gestaltet werden können. Aber wie preist man da das ethische Moment und den ethischen Eigenwert solcher Ausdifferenzierungsprozesse und Institutionalisierungsprozesse ein im Vergleich zu den Kosten, die es im Konkreten dann hat? Das ist doch eine eigene Herausforderung. Ist das etwas, an dem Sie sich abgearbeitet haben und das Sie beschäftigt hat – oder ist das nur die Frage eines Juristen, der das theologische Denken nicht so ganz verstanden hat, das kann ja auch sein?

WH: Ich habe an dieser Stelle auch einen Juristenblick, weil für mich klar ist, dass wir als Menschen Institutionen brauchen. Dass diese Institutionen spezifische Gefährdungspotentiale in sich tragen, ist auch klar. Die Gefährdungspotentiale, die ich dabei vor allem im Auge habe, werden in der Regel damit begründet, genau der hypertrophe Charakter der Gestaltung der Institutionen sei das, was um der Menschen willen das Allerbeste sei. Das haben wir vorhin am kirchlichen Umgang mit Institutionen diskutiert, und wir haben in der deutschen politischen Geschichte Paradebeispiele dafür zur Hand. Das gibt es nicht nur in Deutschland, sondern auch anderswo, aber in Deutschland gibt es das besonders ausgeprägt. Um noch einmal auf Bonhoeffer zurückzukommen: Er diagnostiziert in seinem – in meinen Augen außerordentlich wichtigen – Aufsatz *Die Kirche vor der Judenfrage* von 1933[57] ein systematisches ‚Zuviel' oder ‚Zuwenig' als spezifische Gefährdungen von Institutionen. Er sieht beides: Die Kirche hat zu intervenieren, wenn der Staat im Bereich von Recht und Ordnung zu wenig oder zu viel macht. Und er hat eben das Zutrauen dazu, dass das Gesetz Gottes die Kirche dazu befähigt, das zu unterscheiden, weil dieses Gesetz dafür sensibel macht, was die Un-

[57] Bonhoeffer: Die Kirche vor der Judenfrage (s. o. Anm. 6).

antastbarkeit der Würde jedes einzelnen Menschen bedeutet. Damit sind wir genau an dem Punkt, den wir an einer früheren Stelle unseres Gesprächs als die Verletzlichkeit des Individuums bezeichnet haben. Für einen Theologen wie Bonhoeffer gibt es eine unmittelbare Korrelation zwischen der Anerkennung des einen Gottes und der Respektierung der gleichen Würde jeder menschlichen Person. Insofern ist es eine Aufgabe von unmittelbarer theologischer Relevanz, diese Gratwanderung zwischen ‚zu wenig' und ‚zu viel' zu verfolgen und zu intervenieren, wann immer es im Einzelfall notwendig ist. Dafür gibt es bei Bonhoeffer eine wichtige Trias: Erstens den Staat immer wieder in grundsätzlicher Form an seine Aufgabe zu erinnern; zweitens, konkret zu intervenieren für betroffene Menschen, wenn sie als Einzelne unter die Räder eines ‚zuwenig' oder ‚zuviel' geraten und drittens dem Rad selbst in die Speichen zu greifen, wenn das ‚zuwenig' oder ‚zuviel' zur Methode wird. Dieser Dreiklang passt, wie ich meine, verblüffend präzise zu ihrem Punkt.

HMH: Das Charmante an dem Bonhoeffer-Beispiel ist natürlich, dass es da diese hohe Evidenz gibt; dass das eine historische Situation ohne größere Ambivalenz war. In vielen anderen Debatten, an denen Sie auch beteiligt waren, kann man im Rückblick natürlich viel stärker sagen: Was richtiges Handeln bedeutet, wurde konflikthaft ausgehandelt. Es war nicht so evident, ob man jetzt für oder gegen den Nato-Doppelbeschluss oder die friedliche Nutzung der Atomenergie optieren sollte. Diese ethischen Konflikte wurden ja schon auch in Analogie zu den Erfahrungen Bonhoeffers aufbereitet – mit dem Unterschied, dass man aber nicht in der NS-Situation war, sondern in einer liberalen Demokratie mit bestimmten

Verfahren, im Rechtsstaat mit prozeduralen Sicherungen, aber eben auch mit Grundrechten.

WH: Aber Bonhoeffer sagt das im April 1933. Er veröffentlicht den Aufsatz und kann ihn auch noch veröffentlichen – in einem entlegenen Blatt, muss man zugeben, aber immerhin ist es ein im Juni 1933 gedruckter Text. Der Text hatte für die meisten Zeitgenossen, sofern sie ihn überhaupt zur Kenntnis nahmen, keine hohe Plausibilität. Sie sind ihm nicht gefolgt. Auch die Niemöllers dieser Welt sind ihm nicht gefolgt. Bonhoeffer versuchte im Anschluss an diesen Text, einen zentralen Punkt nicht nur zu verdeutlichen, sondern auch durchzufechten: Es ging ihm um die Verpflichtung, die sich daraus für ein klares Reden und Handeln der Kirche im Umfang mit ihren Mitgliedern jüdischer Herkunft und darüber hinaus für eine deutliche Intervention gegen die Entrechtung der Jüdinnen und Juden ergab. Doch für eine solche kirchliche Klarheit in dem, was man damals noch meinte, die ‚Judenfrage' nennen zu können, fand er nicht die nötige Unterstützung. Meiner persönlichen Einschätzung nach verließ er nicht zuletzt deswegen im Herbst 1933 Deutschland und begann eine Tätigkeit in zwei deutschen Auslandsgemeinden in London.

Bonhoeffer hat eine Position ergriffen, die wir achtzig Jahre später für die richtige halten, die aber von der Mehrheitskirche während der ganzen Nazizeit nicht für die richtige gehalten worden ist. Nach 1945 wurde sie weiterhin von vielen nicht für richtig gehalten. Von der AfD und ihrem braunen Umfeld bis in die Kirche hinein wird sie heute erneut nicht für richtig gehalten.

In der Nachrüstungsdebatte der frühen 1980er Jahre wurde Bonhoeffers Dreiklang aus dem Aufsatz über die

Judenfrage mit seinem Aufruf zu einem Konzil des Friedens verknüpft. Dadurch wurde dem Protest gegen die Nachrüstung eine Dringlichkeit verliehen, die Bonhoeffers Aufforderung entspreche, ‚dem Rad in die Speichen zu greifen'. Das war vor allem dann unpassend, wenn man damit nur eine Seite des atomaren Wettrüstens ansprach. Eine Position, die graduelle wechselseitige Abrüstung forderte – wie wir das in einem Votum der ‚Ökumenischen Initiative Eine Welt' versuchten[58] – fand in der damaligen Friedensbewegung keine große Zustimmung. Auch aus dieser Perspektive fällt der Rückblick zwiespältig aus.

Eine Situation, in der ich betrachten kann, was ich vor vierzig Jahren gesagt habe und welche Fehler ich dabei gemacht habe, war für Bonhoeffer niemals gegeben. Wir müssen konzedieren, dass wir den Wandel faktischer Bedingungen für die Entscheidungen, die damals getroffen worden sind, nicht haben vorhersehen können. Auch von den Befürwortern der Nachrüstung hat kaum jemand diejenige Entwicklung, durch die die Opposition gegen die Nachrüstung obsolet wurde, nämlich den Zusammenbruch des Warschauer Pakts, vorausgesehen. Weder die Befürworter noch die Gegner haben ihre Position mit diesem bevorstehenden historischen Ereignis begründet, weswegen wir sagen können: Gott sei Dank ist das Schnee von gestern. Ob es wieder Schnee von morgen ist, wissen wir nicht.

RA: Ich würde diese Frage gerne noch einmal zurückbinden an die Kirchenfrage. Bei aller Zustimmung zu Ih-

[58] Vgl. dazu Wolfgang Huber: Schritte zur Abrüstung. Argumente für eine christliche Friedensinitiative, in: Evangelische Kommentare 14 (1981), S. 630–633.

nen und zu Bonhoeffer: Das Problematische liegt doch darin, dass der Kirchenbegriff in dieser Formulierung uneindeutig ist, nämlich eigentlich kontrafaktisch. Denn *de facto* ist es der Einzelne und eben gerade nicht die Institution der Kirche, der in dieser Situation das Richtige erkennt: Es handelt der Einzelne aus seiner individuellen Bindung an Gott im Glauben heraus. Und er maskiert das als Handeln der Kirche. Das ist möglicherweise der Situation von 1933 geschuldet, sich selbst nicht zu sehr exponieren zu wollen, sondern kontrafaktisch die Kirche als Akteurin zu benennen. Aber letztlich sind diese Dinge nicht in der Institutionalität der Kirche greifbar, sondern in den jeweils individuellen Überzeugungen, die aus dem Glauben entspringen. Wenn man es so versteht und sagt, es ist die christliche Überzeugung, die mich dazu treibt, dann ist das eine klare Position, die ich vollkommen mittragen könnte. Aber wenn eine solche Überzeugung und Eindeutigkeit für die Kirche reklamiert werden, verbunden mit der Aufforderung, sie gegenüber dem Staat und den anderen Institutionen einzubringen, dann verkennt das meines Erachtens die Uneindeutigkeiten, die die Kirche als Institution, als Gegenstand unserer Welt eben auch hat.

WH: Das Problem hat Bonhoeffer sehr deutlich gesehen; deswegen hat er die Figur der konziliaren Entscheidung eingeführt. Und einmal hat er kühn überzogen, nämlich auf der ökumenischen Konferenz in Fanø 1934[59] mit der Behauptung, das ökumenische Konzil sei hier ver-

---

[59] 1934 fand auf der dänischen Nordseeinsel Fanø die Ökumenische Jugendkonferenz des ‚Weltbundes für Freundschaftsarbeit der Kirchen' statt. Bonhoeffer leitete die Konferenz in seiner Eigenschaft als Jugendsekretär des Weltbundes.

sammelt und könne jetzt mit Autorität sprechen. Das teilten die Anwesenden jedoch nicht. Bonhoeffer sah das Problem. Er sagte jedoch nicht: weil es sich um eine Überzeugung handelt, die in den Einzelnen wachsen muss, gibt es keine Möglichkeit, dass die Einzelnen sich in einer institutionell geklärten Form damit auseinandersetzen und zu einem Ergebnis kommen. In anderen Fällen ist das ja auch gelungen; die Barmer Bekenntnissynode von 1934 braucht man nicht für einen totalen Reinfall halten, sondern kann sie in ihrer epochalen Bedeutung würdigen – auch wenn sie den Punkt, der Bonhoeffer besonders wichtig war, nämlich die Entrechtung von Jüdinnen und Juden, nicht behandelt hat.

RA: Aber es ist nicht so, dass die *Kirche* gegenüber den Institutionen eine Kontrollfunktion haben kann, sondern das muss in meinen Augen über die Glaubenden laufen. Sonst verkennt man, dass die Kirche selbst unter solchen Aberrationen leiden kann. Sie muss selbst als Institution kontrolliert sein.

WH: Aber doch in einer Form, in der nicht nur Einzelne, sondern auch die Kirche – durch ihre eigenen Verantwortlichen, ihre eigenen Strukturen und Sprecher mit allen Fehlern, die dazugehören – sich äußern kann.

CA: Vielleicht wirft das ein Licht auch auf Motive gegenwärtiger politischer Stellungnahmen der Kirche. Hinter solchen Stellungnahmen scheint mir ein doppeltes Motiv zu liegen. Erkennbar ist zunächst das Motiv, zu einem bestimmten politischen Problem eine bestimmte politische Position zu vertreten und in die gesellschaftliche Diskussion einzuspielen. Dahinter liegt aber möglicherweise ein zweites Motiv: Die Stellungnahme steht nicht nur im Dienst der gesellschaftlichen Debatte, sondern sie steht stark auch im Dienste eines Selbstbildes, einer Selbstpräsentation der Kirche. Es wird hier doch auch ein institutionelles Bewusstsein gepflegt und dem Bedürfnis nachgegeben, zu demonstrieren, dass die Kirche zur richtigen Zeit das Richtige sagt und auf der richtigen Seite steht, nämlich so, wie sie es von sich selbst erwartet und wie sie glaubt, dass es ihre Sympathisanten und Sympathisantinnen von ihr erwarten.

WH: Wenn die Kirche dann, wenn es wirklich unumgänglich notwendig ist, mit ihrer Stimme gehört werden will, muss diese Stimme in der Gesellschaft, in der sie gehört werden will, als Stimme bekannt sein.

CA: Aber aus welchen Gründen unumgänglich notwendig? Aus Gründen der Richtigkeit der politischen Position oder aus politischer Notwendigkeit oder aus Gründen des Selbstbildes der Institution?

WH: Wenn wir uns vorstellen, die Kirche würde für eine gesamte Generation auf Stellungnahmen verzichten, weiß nach dreißig Jahren niemand mehr, wer spricht, wenn die Kirche spricht. Ich bin kein Anhänger der Meinung, die Aufgabe der Präsenz würde erfüllt durch die Steigerung der Quantität von Stellungnahmen. Sondern ich denke, dass man jeder einzelnen Äußerung ansehen muss, dass sie erstens notwendig und zweitens durchdacht ist. Ohne jeden Zweifel ist der Anspruch für die Kirche in dieser Hinsicht höher als für andere öffentliche Akteure und natürlich gibt es in der Kirche Neigungen dazu, diesen höheren Anspruch zu unterlaufen, indem wichtige Themen funktionalisiert werden, statt in ihrem Eigenwert stehenzubleiben.

V. Staat, Kirche, Islam

HMH: ‚Staat und Kirche' ist ein Thema, das ihnen familiär vererbt wurde. Sie haben ein großes Projekt mit ihrem Vater durchgeführt, die kommentierte Quellensammlung *Staat und Kirche im 19. und 20. Jahrhundert*. Vielleicht mögen Sie dazu einmal etwas sagen, weil das ja faszinierend ist, wie man so ein wissenschaftliches Vater-Sohn-Projekt aufsetzt? Wie haben Sie das in Erinnerung? Ein Bezug ist vermutlich ihre Habilitationsschrift *Kirche und Öffentlichkeit*, mit einem großen religionsverfassungsrechtlichen Kapitel, von dem ich sagen würde, das lässt sich bis heute gewinnbringend lesen.[60] Wenn man bedenkt, dass es in den 1970er Jahren entstanden ist, ist es erstaunlich modern, Kirche als gesellschaftlichen Verband zu rekonstruieren, zu brechen mit der Koordinationslehre, sich genau zu überlegen, was bedeutet das für die Übertragung ins Recht. Und wenn ich das lese, merkt man natürlich, dass Sie Staatsrechtslehrer ehrenhalber sind. Wie begann die Zusammenarbeit mit ihrem Vater? Er hatte ja schon vorher intensiv verfassungsgeschichtlich gearbeitet. Wie wurde das übertragen auf den Sohn?

WH: In dem Augenblick, in dem ich das Abitur abgelegt hatte, galt ich als korrekturlesefähig. Vom zweiten Band

---

[60] Wolfgang Huber: Kirche und Öffentlichkeit, München [2]1991.

der *Verfassungsgeschichte*[61] an habe ich jeden dieser Bände – wie meine Brüder und meine Mutter auch – Korrektur gelesen. Dabei fiel mir auf, dass in der *Verfassungsgeschichte* die religionsverfassungsrechtlichen Fragen eine große Rolle spielen. Das ist kein Wunder angesichts der Texte, die mein Vater bereits in der Weimarer Zeit dazu verfasst hat, zu den *Verträgen zwischen Staat und Kirche* sowie zu dem gegenwärtig wieder aktuellen Thema der *Garantie der kirchlichen Vermögensrechte.* Als ich nach Examen und Promotion Vikar in Reutlingen war, schrieb mein Vater mir, er habe mit Absicht bei der Planung der Dokumenten-Bände zur Deutschen Verfassungsgeschichte[62] das Verhältnis von Staat und Kirche sowohl aus inhaltlichen als auch aus Umfangsgründen ausgelassen. Nun sei ich promovierter Kirchenhistoriker und er böte mir an, dass wir diese Quellenedition zusammen verwirklichen. Obwohl ich nicht wusste, in welcher beruflichen Situation ich mich an diesem Vorhaben beteiligen würde, bedankte ich mich herzlich und stimmte zu. In Gang kam das Vorhaben, als ich 1968 Mitarbeiter der Forschungsstätte der Evangelischen Studiengemeinschaft (FEST) in Heidelberg wurde. Den ersten Band bearbeitete ich parallel zu *Kirche und Öffentlichkeit.* Von da an zog sich die Arbeit über viele Jahre hin[63], auch weil mein Vater mit der Verfassungsgeschichte fertig werden wollte. Wir haben es tatsächlich gemeinsam geschafft, auch noch mit *Staat und*

[61] Ernst Rudolf Huber: Deutsche Verfassungsgeschichte seit 1789. Acht Bände, Stuttgart 1957–1991.

[62] Ernst Rudolf Huber (Hg.): Dokumente zur deutschen Verfassungsgeschichte. Fünf Bände, Stuttgart 1961–1997.

[63] Ernst Rudolf Huber / Wolfgang Huber (Hg.): Staat und Kirche im 19. und 20. Jahrhundert. Dokumente zur Geschichte des deutschen Staatskirchenrechts. Fünf Bände, Berlin 1973–1995.

Kirche fertig zu werden. Besonders spannend, ja spannungsvoll war der Schluss. Wie das Konzept der *Verfassungsgeschichte* sollte auch *Staat und Kirche* bis ins Jahr 1933 gehen. Die *Deutsche Verfassungsgeschichte* endet mit der Machtübergabe am 30. Januar 1933 als ‚Endpunkt der Verfassungsgeschichte der Weimarer Zeit'. Die *Dokumente zur deutschen Verfassungsgeschichte* führen das Geschehen bis zum Ermächtigungsgesetz vom 24. März 1933 weiter. Die Betrachtung des Verhältnisses zwischen Staat und Kirche endet auf der evangelischen Seite mit der Verfassung der Deutschen Evangelischen Kirche vom 11. Juli 1933 sowie Hitlers Ansprache zu den Kirchenwahlen vom 22. Juli 1933, auf der katholischen Seite mit dem Reichskonkordat vom 20. Juli 1933. Unausweichlich mussten wir uns darüber verständigen, was in diesen Schlusskapiteln außerdem vorkommen sollte. Weil ich darauf beharrte, dass der Konflikt über den Umgang mit Jüdinnen und Juden in seiner Bedeutung für das Verhältnis von Staat und Kirche dokumentiert würde, taucht Bonhoeffer wieder auf. Denn es sollte sich – so das formale Argument – um Vorgänge und Dokumente handeln, die zeitlich vor der Verfassung der Deutschen Evangelischen Kirche lagen. Ich wollte das, was sich schon in diesen ersten Monaten der Hitlerherrschaft in seinen höchst kontroversen und zugleich niederschmetternden Aspekten zeigte, nicht verschweigen. Das Gespräch darüber war nicht einfach, aber auf diese Weise kamen Dietrich Bonhoeffer und Walter Künneth[64] in den Band 4 von Staat und Kirche. Und es war eine Gelegenheit, mit meinem Vater

[64] Walter Künneth (1901–1997) war Professor für Systematische Theologie in Erlangen. Er kritisierte als Mitbegründer der jungreformatorischen Bewegung und der Bekennenden Kirche die Kirchenpolitik des Nationalsozialismus, befürwortete allerdings im

sehr direkt über diese Fragen sowie über seine eigene Rolle im Jahr 1933 zu sprechen. Auch im Blick auf dieses biographische Gespräch war der Vorschlag wichtig. Mein Vater war bis zum Schluss in all diesen Hinsichten mir gegenüber sehr nobel; es war eine wirklich gute Zusammenarbeit, ein wichtiges Element in dem Verhältnis zwischen Vater und Sohn.

HMH: Aber das Werk endet mit dem Geschehen 1933, obwohl es ja *Staat und Kirche im 19. und 20. Jahrhundert* heißt. Man hätte es ja auch bis in die Gegenwart, bis in die frühe Bundesrepublik fortschreiben können, den Loccumer Vertrag zum Beispiel gab es ja schon. War das Teil der Diskussion? Oder war das Argument, dass ihre Quellensammlung mit der *Verfassungsgeschichte* und mit den *Dokumenten zur Verfassungsgeschichte* synchronisiert wird?

WH: Angesichts des zeitlichen Rahmens, der für die *Verfassungsgeschichte* gewählt wurde und auch für die *Dokumente zur deutschen Verfassungsgeschichte* galt, stand das nicht ernsthaft zur Diskussion.

HMH: Also es stand nicht zur Diskussion. Und wie klar war Ihnen, dass das mit der väterlichen Biographie unmittelbar zu tun hat? Er konnte sich ja schlecht selbst historisieren. Es wurde immer wieder kritisiert, dass auch seine Verfassungsgeschichte 1933 endet. Ich würde sagen, es ist auch Ausdruck einer gewissen Redlichkeit, an der Stelle zu sagen, jetzt fehlt mir die Distanz zu dem, was zu beschreiben ist.

WH: Ich glaube ebenfalls, dass das, was die Verfassungsgeschichte betrifft, für ihn aus biographischen Gründen

Grundsatz die Diskriminierung jüdischer Mitbürgerinnen und Mitbürger.

alternativlos war. Er hätte, um es ironisch zu wenden, als achten Band sein Buch über die *Verfassung des Großdeutschen Reichs*[65] in einer neuen Auflage herausbringen können. Was hätte er dann machen sollen mit dessen unangreifbaren Passagen, die es gelegentlich auch gibt? Abdrucken? Und was mit den unerträglichen Passagen? Wenn er da in klarer Weise revoziert hätte, was er in der Zeit der Hitler-Herrschaft geschrieben hatte, wäre das vielleicht als ein Beitrag zur Klärung gewürdigt worden. Die Stellen, an denen er sich nach 1945 zu seinen Irrwegen und Irrtümern geäußert hat, sind öffentlich nicht so bemerkt worden, dass es auf derselben Stufe wie die Verfassungsgeschichte gestanden hätte. Ich habe bedauert, dass er sich zwar deutlich geäußert hat und auch Konflikte auf sich genommen hat bei dem Versuch, seine Rolle in der Nazi-Zeit und die Fehler, die er gemacht hat, öffentlich anzusprechen, aber doch in einer anderen Öffentlichkeit als derjenigen, die von seinen Büchern erreicht wurde. Daran hätte sich auch nichts geändert, wenn wir bei *Staat und Kirche* die Jahre 1933 bis 1945 einbezogen hätten, von der Nachkriegszeit ganz zu schweigen. Aber jetzt von dem zeitlichen Rahmen der Verfassungsgeschichte abzugehen, stand nicht zur Debatte. Er hatte, als er mir die Zusammenarbeit vorschlug, bereits ein detailliertes Konzept. Darin war der zeitliche Rahmen von vornherein zu erkennen. Das war für mich im weiteren Fortgang nicht problematisch, weil ich Klarheit darüber hatte, dass ich das Kapitel über die Verträge zwischen Staat und Kirche als Teil von *Kirche und Öffentlichkeit* schreiben wollte.

[65] Ernst Rudolf Huber: Verfassung, Hamburg 1937. Zweite, stark erweiterte Auflage unter dem Titel: Verfassungsrecht des Großdeutschen Reiches, Hamburg 1939.

Eine Doppelung mit einem Nachkriegskapitel in *Staat und Kirche* wäre dafür eher störend gewesen. Im Blick auf die aktuellen Fragen war es mir lieber, dass ich meine eigene Position entwickeln konnte.

HMH: In gewisser Weise ist ihre Habilitationsschrift so etwas wie ein Band 6. (Band 5 ist ja das Register.) Man müsste dann sagen: Band 6 in einem anderen Genre. Denn es gibt ja schon einige Parallelen. Ihre Arbeit an dem Thema ‚Kirche und Öffentlichkeit' war angetrieben durch ein ekklesiologisches Interesse, auch ein ethisches Interesse, aber es gibt eben auch diese ganz starke juristische Spur in dieser Arbeit, mit einer modernisierenden Lesart des Verhältnisses zwischen Staat und Kirche in der damaligen Zeit. Was auch immer sich seither verändert hat, in der Grundidee ist da ein Modell beschrieben, das man bis heute heranziehen kann.

WH: Aus heutiger Perspektive ist das Thema der religiösen Pluralität natürlich unterbelichtet. Das Thema gesellschaftlicher Pluralität dagegen nicht, wie ich finde; denn die Kirche als Verband unter Verbänden zu beschreiben, ist ja ein Versuch, dieser Pluralität Rechnung zu tragen. Dass wir heute ebenso wie die gesellschaftliche auch die religiöse Pluralität berücksichtigen müssen und deswegen inzwischen nicht mehr fraglos von Staatskirchenrecht, sondern von Religionsverfassungsrecht reden, ist etwas, das in der Denkweise des Buchs durchaus angelegt, aber angesichts der damaligen Situation noch nicht konkretisiert ist. Und mir hat es Freude gemacht, dass es auch juristische Anerkennung gefunden hat.

HMH: Einige Leitideen wurden von Ihnen dann ja auch immer wieder aufgenommen: Wenn ich an *Kirche in der*

Zeitenwende[66] denke, da wurde ein neues gesellschaftstheoretisches Paradigma aufgenommen …

WH: … Intermediäre Institutionen, Zivilgesellschaft …

HMH: … ein Vokabular, das Ende der 1980er, Anfang der 1990er Jahre aufkam und weg von der Staatsanalogie stärker hin zu einer zivilgesellschaftlichen Orientierung wies. Das schlugen Sie in Schriften aus der Bischofszeit vor, die aber eigentlich noch ganz in der Fluchtlinie dieser Habilitationsschrift stehen. Da sieht man eben, dass das ein Lebensthema ist.

WH: Ja, aber ich gebe gleichzeitig unumwunden zu, dass dieses Lebensthema für die praktische Arbeit im Bischofsamt von erheblicher Bedeutung war. Natürlich fragten sich zu Beginn meiner Bischofszeit manche, wie Wolfgang Huber denn mit so wenig kirchlicher Erfahrung dem Bischofsamt überhaupt gerecht werden könne. Diese Frage war, wie ich selbst spürte, sehr berechtigt. Als ich die ersten Wochen im Bischofsamt erlebt hatte, fragte ich mich allerdings zugleich, wie ich ohne die Kompetenz, die ich im Thema ‚Kirche und Öffentlichkeit' erworben hatte, jedenfalls das Berliner Bischofsamt durchgestanden hätte. In der ersten Woche wurde ich nach Kirchenasyl befragt, von der zweiten Woche an hatte ich jede Woche mit verfassungsrechtlichen Fragen des Religionsunterrichts zu tun, in der dritten Woche wurden die Verhandlungen zum Staatskirchenvertrag in Berlin eröffnet. Große Konflikte über den Religionsunterricht, das brandenburgische Pflichtfach LER und den Sonntagsschutz kamen im Lauf der Zeit hinzu. Ich habe bei zwei Auftritten vor dem Bundesverfassungsgericht bestätigt gefunden, dass die The-

[66] Wolfgang Huber: Kirche in der Zeitenwende. Gesellschaftlicher Wandel und Erneuerung der Kirche, Gütersloh 1998.

men, in die ich mich lange Zeit zuvor eingearbeitet hatte, in Bischofsamt und Ratsvorsitz in einer Intensität hineingespielt haben, die mir vorher nicht vor Augen stand. Bei allen Defiziten, die ich an anderen Stellen wegen mangelnder Gemeinde- und Kirchenerfahrung aufzuweisen hatte, konnte ich an diesem Punkt etwas einbringen. Insofern gab es bei diesen Themen Kontinuität; deshalb tauchten sie auch in *Kirche in der Zeitenwende* wieder auf – einem Buch, in dem ich systematisch Fragen und Erfahrungen reflektierte, die mit der kirchlichen Situation und den mit ihr verbundenen Reformaufgaben zu tun hatten. Die Frage nach der Kirche in der Demokratie war für mich stets eine Schlüsselfrage: nicht nur im Zusammenhang der Demokratiedenkschrift[67], an deren Erarbeitung ich als Mitglied der Kammer für öffentliche Verantwortung – damals unter der Leitung von Trutz Rendtorff – beteiligt war, sondern auch im Zusammenhang mit dem Sammelband[68] zu vierzig Jahren Grundgesetz und vierzig Jahren Bundesrepublik Deutschland, in dem wir die Frage nach der Rolle des Protestantismus ganz stark auch biographisch aufgenommen haben, dies aber mit einem Grundsatzaufsatz von mir verbanden, der einem Vergleich zwischen den USA und der Bundesrepublik hinsichtlich des Verhältnisses zwischen Religion und Kirche gewidmet war.

[67] Evangelische Kirche und freiheitliche Demokratie. Der Staat des Grundgesetzes als Angebot und Aufgabe. Eine Denkschrift der Evangelischen Kirche in Deutschland, hg. vom Kirchenamt im Auftrage des Rates der Evangelischen Kirche in Deutschland, Gütersloh 1985.

[68] Wolfgang Huber (Hg.): Protestanten in der Demokratie. Positionen und Profile im Nachkriegsdeutschland, München 1990.

HMH: Sie hatten gerade schon die Pluralisierung angesprochen, die mit der Zeit zu einem drängenderen Thema wurde. Nach meinem Eindruck wurde die religionspolitische Ordnung der Bundesrepublik lange Zeit mit dem sogenannten Böckenförde-Diktum affirmiert: „Der freiheitliche, säkularisierte Staat lebt von Voraussetzungen, die er selbst nicht garantieren kann.“[69] Das ist einer der meistzitierten Sätze im Bereich der politischen Theorie der Bundesrepublik. Mit zunehmender religiös-weltanschaulicher Pluralisierung, scheint mir, wurde dann doch die Religion immer stärker als Ambivalenzphänomen wahrgenommen. Der an der FEST tätige Religionssoziologe Volkhard Krech[70] hat das Anfang der 2000er Jahre thematisiert, ich habe das für die Staatsrechtslehre dann aufgenommen. Religion wird nicht nur als ein Kitt der Gesellschaft verstanden, als etwas, das als sozialproduktiv gilt, sondern auch als etwas, das für Unruhe sorgt, auch für destruktive Unruhe. Wenn man das so zeichnet, dann fügt es sich ja ein, dass ihre Zeit als Ratsvorsitzender als ein Bruch in Bezug auf das Verhältnis zum Islam wahrgenommen wurde. *Klarheit und gute Nachbarschaft*[71] ist ein Papier, das im interreligiösen Dialog für Unruhe gesorgt hat. Stand das Papier im Kontext einer solchen

---

[69] Ernst-Wolfgang Böckenförde: Die Entstehung des Staates als Vorgang der Säkularisation (1967), in: Ders.: Recht, Staat, Freiheit. Studien zur Rechtsphilosophie, Staatstheorie und Verfassungsgeschichte, Frankfurt am Main 1991, S. 92–114, 112.

[70] Volkhard Krech (geb. 1962) ist Professor für Religionswissenschaft an der Ruhr-Universität Bochum. Von 1995 bis 2004 war er Referent für Religionssoziologie an der Forschungsstätte der Evangelischen Studiengemeinschaft e.V. (FEST) in Heidelberg.

[71] Klarheit und gute Nachbarschaft. Christen und Muslime in Deutschland. Eine Handreichung des Rates der EKD, Hannover o.J. [2006].

Denkbewegung, der zufolge Religion auch etwas für den gesellschaftlichen Zusammenhalt Problematisches sein kann? Oder war das Papier der Versuch, die Thematisierung des Ambivalenten der Religion von vornherein auf eine bestimmte Religionskultur zu begrenzen und so das Andere, die von Böckenförde adressierte Rolle des Christentums für ein demokratisches politisches Ethos, noch abzuschirmen? Wenn Sie etwas zu den Motiven und zur Wirkungsgeschichte von *Klarheit und gute Nachbarschaft* sagen könnten, wäre das interessant für uns.

WH: Zunächst ist mir wichtig, dass ich das Verhältnis der evangelischen Kirche zum Staat nie als ein nur affirmatives, sondern als ein kritisches verstanden habe. Das hatte zur Folge, dass ich es für notwendig gehalten habe, selbstkritisch umzugehen mit der Tradition, in der sich unsere Kirche zum Staat verhalten hat. Die Rede vom Bündnis zwischen Thron und Altar war ja nicht einfach vom Himmel gefallen, sondern hatte einen realen Hintergrund. Aus meinen Fallstudien in *Kirche und Öffentlichkeit* zum Ersten Weltkrieg und zur Militärseelsorge[72] ergab sich doch ein zwiespältiger Befund, wenn man es vornehm sagen will. Das hatte zur Folge, dass ich es als zwingende Voraussetzung für einen konstruktiven Beitrag der Religion zum gemeinsamen Leben in Staat und Gesellschaft betrachte, dass sie selbstkritisch aufklärt, in welchen Zusammenhängen und aus welchen Gründen sie genau diese Funktion verfehlt hat, indem sie rein affirmativ, machtaffirmativ gehandelt hat. Und die Bemühung um die Frage, wie es mit dem Islam in Deutschland stehe, setzte ja die Erfahrung des Terrorismus schon voraus,

---

[72] Wolfgang Huber: Kirche und Öffentlichkeit, Stuttgart 1973, S. 135–294.

2001. Und das war nicht fern von Deutschland, weil einer der Attentäter ja als Schläfer in Hamburg gelebt hatte und ein Teil unserer Community war. Vor diesem Hintergrund fand ich, das Gespräch mit den muslimischen Gemeinschaften müsse einschließen, dass wir uns wechselseitig darin ermutigen, selbstkritisch zu sein.

Der Auslöser war zweitens ein ganz praktischer. Als neugewählter Ratsvorsitzender habe ich das Gespräch mit Vertretern der verschiedenen muslimischen Verbände gesucht. Wann immer es in die Nähe eines theologischen Arguments oder einer theologischen Frage ging, hieß die Antwort: Dafür sind wir nicht zuständig. Und das in einer Situation, in der ein fruchtbarer Dialog auch kritische theologische Aspekte einschließen musste: Die Frage der Gewalt habe ich schon genannt, die Stellung der Frau war natürlich von vergleichbarer Dringlichkeit und ebenso der Umgang mit dem Menschenrechtsthema insgesamt. Daraufhin wurde in einer gewissen Unabhängigkeit von den Islambeauftragten der Landeskirchen die Handreichung *Klarheit und gute Nachbarschaft* ausgearbeitet. Die für diese Aufgabe gebildete Ad-hoc-Gruppe wurde von Jürgen Schmude[73] geleitet und trug die Art von Unabhängigkeit, für die Schmude immer stand, und die Unbestechlichkeit des Arguments auch in diesen Text hinein. In der Reaktion wurde die Aufforderung, ein Element von Selbstkritik in sich aufzunehmen, als Angriff, als Attacke aufgefasst. Auf der einen Seite bei den Islambeauftragten in den Landeskirchen, die für ihre Arbeit eine Atmosphäre des Vertrauens, der Harmonie, des Verstehens,

[73] Jürgen Schmude (geb. 1936) war als Politiker der SPD unter anderem Bildungsminister (1978–1981), Justizminister (1981–1982) und Innenminister (1982). Von 1985 bis 2003 war er Präses der Synode der EKD.

der wechselseitigen Annäherung durch Nachbarschaftserfahrungen anstrebten, aber nicht eine Atmosphäre theologischer, ethischer oder politischer Argumentation. Auf der anderen Seite ging es im Gespräch mit den Verbandsvertretern ähnlich zu. Ihnen gegenüber bemühte ich mich um einen Vorschlag zur Güte, indem ich sinngemäß sagte: Das ist ein Auftakt zu einem Gespräch; wenn sie uns deutlich machen, wo uns Fehler oder Missverständnisse unterlaufen sind, dann sagen sie das bitte; ich verbürge mich dafür, dass wir in dem Maß, in dem wir das rezipieren können, eine zweite Fassung der Handreichung vorlegen, in der wir auf diese Weise zeigen können, dass der Dialog wirklich in Gang kommt. Wir werden so unsererseits aus der Differenz zwischen Selbstwahrnehmung und Fremdwahrnehmung auch für unsere Art des Umgangs mit dem Islam Konsequenzen ziehen und den Text verändern. Es kam leider nicht dazu. Eine konkrete Kritik von muslimischer Seite an den Aussagen der Handreichung hat uns nie erreicht.

HMH: Vielleicht spiegelt die Wirkungsgeschichte des Textes auch den Umgang mit islamischen Phänomenen in unserer Gesellschaft insgesamt wider. Wir beobachten ausgeprägt islamkritische Haltungen in unserer Gesellschaft und zugleich ein elementares Gefühl des Zurückgesetztseins und Diskriminiertwerdens als Grunderleben einer muslimischen Community, in der ein Gespräch, eine Auseinandersetzung anknüpfend an diese beiden Ausgangsdaten gar nicht mehr zustande kommt. Man steht dann in wechselseitiger Verharrung. Rückblickend: Hätte man den Prozess auch anders aufsetzen können? Es besser angehen können?

WH: Man darf das nicht als den einzigen Versuch ansehen, etwas zu machen. Das, was wir bei dem Text *Klarheit und gute Nachbarschaft* wahrnehmen können, stellt nicht das Gesamtbild der Kommunikation dar. Aber was fehlt, ist ein wichtiges Element bei dieser Kommunikation – eine Art von Parallele zu dem, was sich im Verhältnis zwischen Christentum und Judentum eingespielt hat und was ein Echo in ernsthafter und guter theologischer Arbeit zur Folge hat. Ich bin jedoch zuversichtlich, dass die inzwischen mehr als ein Jahrzehnt zurückliegende Entscheidung, Islamische Theologie an deutschen Universitäten zu etablieren, zu neuen Formen und Inhalten des interreligiösen Dialogs beitragen kann. Denn dadurch entstehen neue Möglichkeiten und neue Träger für den theologischen Dialog. Ich hoffe, dass diese Art von Dialog dann leichter wird und man eine andere Basis hat, auf der dann auch die Fragen des Verständnisses von Menschenrechten und der Stellung von Frauen in Religion und Gesellschaft, des Umgangs mit Religionsfreiheit, religiös motivierter Gewaltanwendung, also all die Themen, die wir damals angesprochen haben, vielleicht doch in einer ganz anderen Weise erörtert werden können. Dagegen spricht allerdings nach wie vor, dass eine Selbstartikulation des Islam wünschenswerter Weise über Einrichtungen für islamische Theologie an deutschen Universitäten hinaus eine korporative theologische Selbstinterpretation einschließt. Dies würde voraussetzen, dass es eine Religionsgemeinschaft oder mehrere Religionsgemeinschaften der Muslime gibt, die von dem Religionsverfassungsrecht, das wir in Deutschland haben, einen eigenständigen Gebrauch machen könnten. Das nicht-religiöse Selbstverständnis der muslimischen Verbände hat dagegen problematische Folgen für das Nutzen der Potentiale, die in unserem Religionsverfassungsrecht enthalten sind. Deswegen beharre ich auf der These, dass es keineswegs notwendig ist, unser Religionsverfassungsrecht umstürzend zu verändern, sondern geduldig, aber doch auch ein bisschen beschleunigend, im Vergleich zu dem, was bisher geschehen ist, Muslime in Deutschland dazu einzuladen, von diesen Möglichkeiten einen wirksamen Gebrauch zu machen.

HMH: Man kann ja zwischen einer individuellen und einer korporativen Ebene unterscheiden. Im Blick auf die korporative Ebene finde ich die These plausibel, dass manche Verbände Hybrid-Organisationen bilden, in denen auch religiöse Aktivität entfaltet wird. Sie betreiben aber auch etwa Diaspora-Politik des türkischen Staates, wenn wir DITIB anschauen. Wieder andere Organisationen sind mit politischen Bewegungen eng verbunden, so ATIB als eine Art *spinn-off* der Grauen Wölfe, also einer nationalistischen politischen Bewegung, die hierzulande aber als Religionsgemeinschaft auftritt. Perspektivisch wird es immer eine Pluralität stark migrantisch geprägter Organisationen geben. Aber nötig ist schon eine gewisse Ablösung von den Herkunftsländern, eine Verselbstständigung, eine stärkere Fokussierung auf die religiösen Aufgaben. Ich fürchte, dass das alles noch eine Generation dauern wird. Auch der Versuch, eine hiesige akademische theologische Kultur islamischer Prägung zu etablieren, ist ja ein Generationenprojekt. Oder sind Sie da optimistischer, dass das doch schneller geht?

WH: Ich bin tatsächlich optimistisch angesichts der Beobachtungen, wie schnell sich die Etablierung islamischer Theologie in den letzten Jahren entwickelt hat, wie ich am Beispiel der Berliner Humboldt-Universität verfolgen konnte. Hier wurde ein Institut für Islamische Theologie gegründet – ein Prozess, den ich auf Bitten der Universität im zuständigen Beirat begleite. Natürlich ist ein derartiges Institut nur ein Anfang. Es ist im konkreten Fall in erheblichem Umfang auf die Ausbildung von Religionslehrern und Religionslehrerinnen fokussiert, was ein bisschen skurril ist ausgerechnet in einem Bundesland, das im bundesweiten Vergleich an einer extremen Sonderregelung für den Religionsunterricht festhält.

HMH: Neben der korporativen Ebene der Religionsfreiheit gibt es eine individuelle Dimension. Eine zentrale Rolle in Debatten um die individuelle Religionsfreiheit der muslimischen Bevölkerung spielten Bekleidungspraktiken. Haben wir uns in Deutschland eigentlich mit dem intensiv ausgetragenen Streit um das Kopftuch einen Gefallen getan? Wenn ich mit jüngeren Muslima spreche, dann ist das für die ganz stark symbolisch aufgeladen als *die* Ur-Erfahrung: ‚Ihr wollt uns hier nicht. Wir können uns noch so abstrampeln, wir können eine Karriere mit Hochschulabschluss anstreben, wir werden doch nicht akzeptiert.' Dass das so stark am Kopftuch im öffentlichen Dienst festgemacht wurde, hat – auf der korporativen Ebene – die Verbände geradezu in die Möglichkeit versetzt, eine Art Opfernarrativ zu bedienen und damit eine stärkere Integrationsbereitschaft in die Mehrheitsgesellschaft hinein, abzuwehren: ‚Bei uns seid ihr richtig, wir sind eure Advokaten, wir sprechen für euch, wir streiten für euch. Eure soziale Umwelt, die Mehrheitsgesellschaft, ist euch eher feindlich gesonnen.'

WH: Auch im Rückblick habe ich noch keinen wirklich gravierenden Einwand gegen die These gehört, dass der

Fall Fereshta Ludin[74] von den Verbänden gezielt durchgepowert worden ist, um zu sehen, wie weit man den Rechtsstaat bringen kann. Das war ein Machtspiel, dem wir sozusagen die ganze Apparatur unserer rechtsstaatlichen Gerichtsbarkeit durch alle Instanzen zur Verfügung gestellt haben. Wenn das hinterher so dargestellt wird, wir würden ja nicht genügend verhandeln, dann ist meines Erachtens eher das Gegenteil richtig: Es wäre vernünftig gewesen, die Frage des Kopftuchs mit Augenmaß zu behandeln und sie als ein Problem des Schulfriedens anzusehen, für das man Lösungswege finden muss, wenn der Schulfrieden gefährdet ist, ohne dass in jedem Fall die einzelne kopftuchtragende Lehrerin als eine Bedrohung angesehen werden muss.

HMH: Das ist ja die Lösung des Ersten Senats des Bundesverfassungsgerichts in seinem Urteil vom 27. Januar 2015 – einige Jahre nach der Rechtssache Ludin –, zu sagen, es kommt auf die konkrete Schulfriedensgefährdung an.[75] Vielleicht spiegeln sich da auch mühsame Lernerfahrungen: Wir mussten auch als Mehrheitsgesellschaft erst einmal lernen, was denn Umgang mit religiöser Pluralität heißt, unter Einschluss des Islam mit seiner eigenen Sperrigkeit, die er dann doch hat. Im Rückblick würde ich jedenfalls sagen, es wäre klug gewesen, etwas mehr Duldsamkeit und Entspanntheit beim Kopftuchthema walten zu lassen und zugleich deutlicher die Frage der Rechts-

---

[74] Fereshta Ludin (geb. 1972) ist eine deutsche Lehrerin muslimischen Bekenntnisses. Das Land Baden-Württemberg lehnte 1998 ihre Einstellung in den Schuldienst ab, weil sie sich weigerte, im Unterricht auf das Tragen des Kopftuches zu verzichten. Der Fall ging bis 2003 durch die gerichtlichen Instanzen bis vor das Bundesverfassungsgericht. Vgl. BVerfGE 108, S. 282–340.

[75] BVerfGE 138, S. 296–376.

und Verfassungstreue der Organisationen und der Instrumentalisierung von Religion für dezidiert politische Zwecke stellen.

WH: In der Zeit meines Ratsvorsitzes gab es noch einen anderen Bezugspunkt, der damals eine erhebliche Rolle gespielt hat, nämlich das Verhältnis zur Türkei. Ich habe damals die Position vertreten, es sei unvorstellbar, dass die Europäische Union einer Mitgliedschaft der Türkei in der EU nähertreten kann, solange im Land keine Religionsfreiheit gewährt wird und solange die DITIB als türkische staatliche Organisation in Deutschland Imame ausbildet und nach Deutschland entsendet, die selbst aus einem System kommen, das zur Religionsfreiheit eine ziemlich große Distanz hält.

HMH: In den 2000er Jahren herrschte ein gewisser Transformationsoptimismus. Die Bundesregierung hoffte, dass sich die Verbände mit wohlwollender Begleitung, zum Beispiel durch die Islamkonferenz, zu eindeutigen, klaren und über Rechtszweifel erhabenen Religionsgemeinschaften nach dem deutschen Verfassungstypus transformieren. Waren Sie da von vornherein skeptischer?

WH: Nein, ich war leidenschaftlich dafür, das zu verfolgen. Das war für mich eine praktische Konsequenz meines starken Engagements für Menschenrechtsfragen. Ich wollte gerne, dass diese politischen Überlegungen auf eine Weise fruchtbar gemacht werden, durch die sie einen erkennbaren menschenrechtlichen Effekt haben. Und ich hatte die Hoffnung, die vielen in der deutschen Kultur weitgehend integrierten Muslime ließen sich dazu bewegen, die Chance zu nutzen, die in diesem freiheitlichen Land auch in religiöser Hinsicht gegeben ist. Ich hatte den Wunsch, dass die deutsche Öffentlichkeit den kulturellen

Beitrag von Menschen aus dem Wirkungsbereich des Islam wahrnehmen würde. Zugleich sollten die Verbände würdigen, dass ein großer Teil der Türkinnen und Türken, die hier wohnen, in diese Kultur integriert sind und, soweit sie sich dem Islam unmittelbar zugehörig fühlen, dies mit einer gewissen Gestalt des Kulturislams und nicht nur des Moschee-Islams verbinden.

RA: Der Transformationsoptimismus, der damals im Hintergrund stand, ist ja irgendwie verflogen. Was kann man als Gründe dafür angeben? Welche Lernerfahrung ließe sich für eine mögliche Wiederbelebung oder für eine Selbsttransformation dieser Formen des Interagierens nutzbar machen?

WH: Zunächst einmal sollten wir die Transformationshoffnung nicht aufzugeben, auch wenn es möglicherweise eine Generation dauert. Dann wird später jemand sagen, eine Generation sei ganz schön kurz. Unser Problem ist, dass wir in der Situation drinstecken. Jeder der drinsteckt, hofft darauf, Früchte der Bemühungen, an denen er beteiligt war, selber noch zu erleben. Das trägt dazu bei, dass ich die Entwicklung der Islamischen Theologie als einen wichtigen Baustein auf diesem Weg positiv interpretiere.

VI. Kirche und Demokratie

WH: Ich möchte meinerseits eine Frage einbringen, zu der ich ihre Meinung gern hören würde, nämlich die Sicht auf das Verhältnis zwischen Kirche und Demokratie nach 1945. Mir hat es sich so dargestellt, dass schon die Tatsache der Beteiligung engagierter evangelischer Christen am Parlamentarischen Rat, an dem Aufbau der Demokratie in Deutschland ganz klar zeigt, dass es im deutschen Protestantismus, auch aus dem Schock der Nazi-Zeit heraus, eine Affinität zur Demokratie gegeben hat, die nach 1945 einsetzt. Ich habe deshalb die Demokratiedenkschrift von 1985[76] nie so verstanden, dass mit ihr der deutsche Protestantismus zum ersten Mal seinen Frieden mit der Demokratie gemacht habe. Vielmehr sah ich in ihr einen sehr wichtigen Schritt im Rahmen von Trutz Rendtorffs Idee, durch eine Serie von Denkschriften der Kammer für Öffentliche Verantwortung so etwas wie eine evangelische Soziallehre zu entwickeln. Dieses Projekt finde ich bis zum heutigen Tag sehr beeindruckend; in erheblichem Umfang ist es aufgegangen. Die Demokratiedenkschrift ist dabei in gewisser Weise die am wenigsten angefochtene Schrift. Es hat seitdem zu diesem Thema keine wirkliche Wiederholung gegeben. Dagegen hat es

[76] Evangelische Kirche und freiheitliche Demokratie (s.o. Anm. 72).

zur Wirtschaftsfrage die neuere Wirtschaftsdenkschrift[77] gegeben, hinsichtlich der Friedensfrage führte die Entwicklung zu einer neuen Friedensdenkschrift[78], aber die Demokratiedenkschrift hat sich bis zum heutigen Tag gehalten. Im Blick auf sie wird inzwischen in weitgehender Einmütigkeit behauptet, der Frieden der Evangelischen Kirche in Deutschland mit der Demokratie sei erst mit dieser Demokratiedenkschrift von 1985 geschlossen worden. Das bedeutet, dass so jemand wie ich bis zu seinem 43. Lebensjahr in einer Kirche gelebt hätte, die in der Demokratie noch nicht angekommen war. Ironisch gesagt, kann ich von Glück reden, dass ich in einem Alter, in dem man eigentlich in solchen grundlegenden Fragen als gar nicht mehr lernfähig gilt, trotzdem noch ein positives Verhältnis zwischen evangelischer Kirche und Demokratie kennen gelernt habe. Diese Überfrachtung der Demokratiedenkschrift ist inzwischen zu einem derartigen Selbstläufer geworden, dass sie selbst in die Homepage der EKD Eingang gefunden hat. Erst neuerdings wurde das korrigiert.

---

[77] Gemeinwohl und Eigennutz. Wirtschaftliches Handeln in Verantwortung für die Zukunft. Eine Denkschrift der Evangelischen Kirche in Deutschland, im Auftrag des Rates der Evangelischen Kirche in Deutschland hg. vom Kirchenamt der EKD, Gütersloh 1991. Eine Neuaufnahme des Themas in: Unternehmerisches Handeln in evangelischer Perspektive. Eine Denkschrift des Rates der Evangelischen Kirche in Deutschland, Gütersloh 2008.

[78] Frieden wahren, fördern und erneuern. Eine Denkschrift der Evangelischen Kirche in Deutschland, hg. von der Kirchenkanzlei der Evangelischen Kirche in Deutschland, Gütersloh 1981. Eine Neuaufnahme des Themas in: Aus Gottes Frieden leben – für gerechten Frieden sorgen. Eine Denkschrift des Rates der Evangelischen Kirche in Deutschland, Gütersloh 2007.

RA: Man kann schon sagen, dass es eines der Ergebnisse unserer Forschungsgruppe[79] ist, dass das so nicht stimmt. Es ist eine Stilisierung, die sich aus einer bestimmten Konfliktkonstellation ergeben hat. Allenfalls besteht das Quäntchen Wahrheit, das in der Behauptung steckt, darin, dass es keinen Text gibt, der explizit eine positive Würdigung festhält. Ebenso wird man sagen müssen, dass das Modell der Demokratie, wie es zumindest den zuvor agierenden Leitungsgremien vorschwebte, noch nicht mit dem der pluralen parlamentarischen Demokratie kompatibel war. Dieses Modell wurde schon irgendwie für gut geheißen, aber ich würde sagen, dass es eine explizite Akzeptanz des Staates, des Grundgesetzes in dieser Form, in dieser Deutlichkeit noch nicht gegeben hat. Relativierend muss man jedoch in Rechnung stellen, dass es dies vor der Abspaltung des Kirchenbundes auch nicht geben konnte, zumindest deklaratorisch nicht. Und danach gibt es so eine Inkubationsphase, wo das noch nicht so ganz klar ist.

WH: Fast mit demselben Recht könnte man sagen, die evangelische Kirche hätte vor der ersten Wirtschaftsdenkschrift ihren Frieden nicht mit der Marktwirtschaft gemacht.

---

[79] Christian Albrecht, Reiner Anselm und Hans Michael Heinig waren Mitglieder in der DFG-Forschungsgruppe 1765 zum Thema: Der Protestantismus in den ethischen Debatten der Bundesrepublik Deutschland 1949–1989, die von 2013 bis 2019 tätig war. Die Ergebnisse der Gruppe sind zusammenfassend dokumentiert in den beiden Bänden: Christian Albrecht / Reiner Anselm (Hg.): Teilnehmende Zeitgenossenschaft. Studien zum Protestantismus in den ethischen Debatten der Bundesrepublik Deutschland 1949–1989, Tübingen 2015. – Christian Albrecht / Reiner Anselm in Verbindung mit Andreas Busch u. a. (Hg.): Aus Verantwortung. Der Protestantismus in den Arenen des Politischen, Tübingen 2019.

CA: Manche bis heute nicht …

WH: Ja, aber man könnte auch Gründe dafür angeben, dass es damals besser war als heute.

HMH: Das Abarbeiten an der vordemokratischen Tradition politischer Theologie zieht sich ja doch noch durch die 1950er bis 1970er Jahre. Ihre Auseinandersetzung von der FEST aus mit der Zwei-Reiche-Lehre und der lutherischen Tradition und wie viel sie beigetragen hat zu einem demokratieverstellenden Blick oder wie viel Potential darin ist, das waren ja Themen, die Sie selbst in den 1970er Jahren auch aufgerufen haben. Mit diesem Abarbeiten waren Versuche verbunden, das Demokratiethema aus theologischer Sicht neu zu justieren. Der Bearbeitungsbedarf bestand dann doch erstaunlich lange fort.

WH: Klar, in dieser Zeit hat sich eben auch die Vorstellung von dem gewandelt, wozu die Kirche sich äußern soll und wozu sie ihre Kammern benutzt. Die Denkschriften waren eine neue kirchliche Äußerungsform, sie waren vor der erwähnten Idee von Trutz Rendtorff ganz anders angelegt. Sie intervenierten zu einem konkreten Thema in die öffentliche Diskussion, bereiteten die Kirche darauf vor, zu einer längerfristig aktuellen Frage eine Meinung zu entwickeln. Es gab in der Entwicklung der Denkschriften seit Beginn der 1960er Jahre für kein Gebiet eine Äußerung, die für eine so lange Perspektive die Grundposition zu einem Thema präsentiert hätte. Ich halte es für einen Fortschritt, dass dies im Fall der Demokratiedenkschrift unternommen wurde. Aber den Umkehrschluss zu ziehen und von einer Zeit, in der man so etwas überhaupt noch nicht im Blick hatte, zu erwarten, dass sie diese Aufgabe gelöst hätte, halte ich für unangemessen. Die

Folgerungen, die daraus gezogen werden, erscheinen mir deshalb als überzogen.

RA: Man muss das wohl differenziert betrachten: Das eine ist natürlich dieser ganz positivistische Befund, dass es vorher keine Äußerung gegeben hat. Dann ist es der Befund des langen Abarbeitens an der antidemokratischen Tradition mit ganz unterschiedlichen Zielrichtungen. Und dann gibt es natürlich auch gewisse Unklarheiten in den bruderrätlichen Traditionen, zum Beispiel Niemöllers[80] Versuch der Delegitimierung der Bundesrepublik, das muss man natürlich als Problemerbe mitnehmen.

HMH: Und dann Barths Briefe an die Pfarrerschaft in der DDR mit einer Äquidistanz zur westdeutschen Demokratie und zur sozialistischen Diktatur[81], also da gibt es schon viele Schatten, die man in der Retrospektive ausmacht.

RA: Das aber darf, so würde ich ein wesentliches Ergebnis unserer Forschungsgruppe zusammenfassen, nicht darüber hinwegtäuschen, dass durch die unübersehbare ethische Pluralität in den eigenen Reihen sich die Kirche faktisch zu demokratischen Verfahren geradezu genötigt sah. Dazu wusste sie natürlich auch die demokratische Kultur der Pluralität, die das Grundgesetz garantierte, für

---

[80] Martin Niemöller (1892–1984), Vertreter der Bekennenden Kirche und später Kirchenpräsident der Evangelischen Kirche in Hessen und Nassau, engagierte sich nach 1945 in zahlreichen politischen Debatten.

[81] Vgl. die Dokumentationen und Beurteilungen z. B. bei Michael Hüttenhoff / Henning Theißen (Hg.): Abwehr – Aneignung – Instrumentalisierung. Zur Rezeption Karl Barths in der DDR, Leipzig 2015. – Wolf Krötke: Karl Barth und der „Kommunismus". Erfahrungen mit einer Theologie der Freiheit in der DDR, Zürich 2013.

sich zu nutzen und damit umzugehen. In dieser Apodiktik ist der Satz, die evangelische Kirche sei erst 1985 in der Demokratie angekommen, einfach falsch.

HMH: Das war die Lernerfahrung der 1950er Jahre. In der Auseinandersetzung um Westintegration, Wiederbewaffnung und in den ethischen Konflikten, die man innerkirchlich ausgetragen hat, hat man zugleich eigentlich innerkirchlich Demokratie gelernt und das war eine Lernerfahrung, die man dann auch nicht mehr loswurde.

CA: Kann man daraus auf ein Interesse derjenigen schließen, die heute so apodiktisch behaupten, die Kirche sei erst in den 1980er Jahren in der Demokratie angekommen? Wollen diejenigen, die dies heute behaupten, eine Fortschrittsgeschichte erzählen, indem sie sich selbst und der Welt darlegen, wie abständig es damals war und um wie vieles besser die Kirche seit diesen grauen Vorzeiten geworden sei, nicht zuletzt durch ihr eigenes Zutun?

WH: Das sehe ich anders. Vielen von denen, die das behaupten, geht es nicht nur um die Delegitimierung der Vergangenheit zum Zweck der Legitimierung der Gegenwart, sondern um die Forderung nach einer besseren Kirche. ‚So lange hat es gedauert, bis sie wirklich demokratisch wurde, und das heißt, sie hat noch immer einen Nachholbedarf und muss deswegen die gegenwärtigen Verhältnisse viel kritischer sehen.' Das ist der Mainstream. Ich habe nichts gegen Kritikbereitschaft. Wenn sie sich mit Realismus paart, kann das hilfreich sein. Traurig wird es nur, wenn es den Realitätsbezug verliert und deswegen niemandem nützt. Dann führt es nur zur Delegitimierung, ohne dass sich eine Folgerung ergibt, die nach vorne weist. Ich finde es neunmalgescheit, so etwas zu behaupten. Dass das demokratische Bewusstsein nicht stromlinienförmig so war, wie wir das heute für notwendig halten, gilt für jede zurückliegende Epoche. Natürlich gilt es für die 1950er und 1960er Jahre mit einem nach wie vor auch in der Kirche sehr ausgeprägten Obrigkeitsbewusstsein. Durch die lange Adenauer-Herrschaft wurde es zusätzlich gestützt. Da sollte man nichts verharmlosen. Ich finde nur, dass in diesem Zusammenhang mit der These über die Nachkriegsgeschichte des Protestantismus wirklich nur sehr wenig erklärt werden kann. Und die großen Konflikte wie Westintegration, Wiederbewaffnung oder atomare Abschreckung gehören zu dem, was man gar nicht erklären kann, wenn man dieser Theorie folgt.

HMH: Die Fokussierung auf die Demokratiedenkschrift ist auch deshalb schwer nachvollziehbar, weil jede theologische Generation noch einmal eine eigene Aneignung der Demokratie leisten muss. Es lässt sich zeigen, wie Problemlagen der Theologie in den 1950er und frühen 1960er Jahre andere waren als in den 1970er und 1980er Jahre. Das ist ja mit Ihnen selbst biographisch verbunden, wenn ich mir anschaue, welche Auseinandersetzungen über Demokratievorstellungen man in den Kirchentags-Kontexten der 1970er und 1980er Jahre hatte. Das waren andere als zu Zeiten Adenauers. Ein Stichwort der neuen sozialen Bewegungen war die Krise der Repräsentation. Darüber sprechen wir heute erneut im Kontext der populistischen Bewegungen. Jede Zeit braucht eine neue Aufarbeitung und insoweit ist das auch nie abgeschlossen, nie sistiert. Das kann man auch an Ihrem eigenen Werk zeigen, dieses immer neue Umkreisen der Frage, was heißt es in dieser Gegenwart, in dieser Zeit, Kirche und Staat, aber auch Christentum und Demokratie zusammen zu denken. In der Rückschau des Nachgeborenen gibt es Momente, die man sehr aus dem Kontext heraus verstehen muss. Ich las noch einmal *Protestantismus und Protest*[82]. Ich kann mir rekonstruieren, dass die Beiträge in einer bestimmten Zeit, in einem sozialen Kontext geschrieben sind. Aber die Parlamentarismuskritik fällt schon sehr scharf aus. Ich stoße mich immer an dem Begriff des ‚repräsentativen Absolutismus'. Im Lichte der später geschriebenen Rechtsethik lässt sich erschließen, dass das nicht auf die Abwertung des demokratischen Verfahrens zielt, sondern dass es um die Beschreibung von Grenzen der Leistungsfähigkeit von Verfahren geht, dass es im Prozeduralen noch einmal eine inhaltliche, materiale Legitimierung braucht. Man merkt, will ich sagen, schon in ihrem Schrifttum, dass es immer wieder diesen Streit um das Demokratieverständnis innerhalb des Protestantismus gibt und der Kirchentag war ein vornehmer Ort für die Diskussion der Frage: Was meinen wir eigentlich mit Demokratie? Wo sind die Grenzen von Rechtsgehorsam? Oder mit welchen Zumutungen geht Demokratie auch für eine christliche Ethik einher? Es gibt auch dieses Moment der Zumutung. Und in der Demokratiedenkschrift, finde ich, ist das sehr konsequent ausgearbeitet, wo es um zivilen Ungehorsam geht und gesagt wird: die rechtlichen Konsequenzen zu ertragen gehört auch dazu. Eine Stelle, die ja damals ein bisschen für Ärger gesorgt hat.[83]

---

[82] Wolfgang Huber: Protestantismus und Protest. Zum Verhältnis von Ethik und Politik, Reinbek 1987.

[83] Gemeint sind die Ausführungen zum Widerstandsrecht und zu Gewissensentscheidungen im Abschnitt 5 der Demokratiedenkschrift (s.o. Anm. 72), S. 21 f. über das „Widerstehen des Bürgers gegen einzelne gewichtige Entscheidungen staatlicher Organe, wenn der Bürger die Entscheidung für verhängnisvoll und trotz formaler Legitimität für ethisch illegitim hält. Wer nur eine einzelne politische Sachentscheidung des Parlaments oder der Regierung be-

WH: Es war natürlich nicht leicht zu erreichen, dass diese Stelle überhaupt hineinkam; für mich war es ein wichtiges Ziel, dass dies gelang. Diese Entwicklung war durch spannende öffentliche Diskussionen flankiert, unter anderem mit Habermas[84] und Dworkin[85].[86] Dabei konnte ich die theologischen Argumente mit der zeitgenössischen politischen Philosophie in Verbindung bringen. Dass manches in dem Rowohlt-Büchlein[87] Sie rückblickend den Kopf schütteln lässt, ist verständlich. Auch aus meiner Sicht ist es wahr, dass dieses Buch mehr in der Richtung der erwarteten Leserschaft geschrieben wurde, als das im Rückblick als vernünftig erscheint.

HMH: Aber es gibt ja doch Einblick in ein Fluidum oder in eine Atmosphäre oder in Szenen, die für den Protestan-

---

kämpft, will damit nicht das ganze System des freiheitlichen Rechtsstaats in Gefahr bringen. Sieht jemand grundlegende Rechte aller schwerwiegend verletzt und veranschlagt dies höher als eine begrenzte Verletzung der staatlichen Ordnung, so muß er bereit sein, die rechtlichen Konsequenzen zu tragen. Es handelt sich dabei nicht um Widerstand, sondern um demonstrative, zeichenhafte Handlungen, die bis zu Rechtsverstößen gehen können. Die Ernsthaftigkeit und Herausforderung, die in solchen Verstößen liegt, kann nicht einfach durch den Hinweis auf die Legalität und Legitimität des parlamentarischen Regierungssystems und seiner Mehrheitsentscheidungen abgetan werden."

[84] Jürgen Habermas (geb. 1929) lehrte Philosophie und Soziologie in Heidelberg und Frankfurt, zwischenzeitlich leitete er von 1971 bis 1981 zusammen mit Carl Friedrich von Weizsäcker das Max-Planck-Institut zur Erforschung der Lebensbedingungen der wissenschaftlich-technischen Welt in Starnberg.

[85] Ronald Dworkin (1931–2013) lehrte Rechtsphilosophie und politische Philosophie u. a. in London und New York.

[86] Vgl. Peter Glotz (Hg.): Ziviler Ungehorsam im Rechtsstaat, Frankfurt am Main 1983 mit Beiträgen von Ronald Dworkin, Jürgen Habermas und Wolfgang Huber.

[87] S. o. Anm. 82.

tismus der damaligen Zeit wichtig waren und die dann ja auch eine ganz lange Prägekraft entfaltet haben. Wir können, glaube ich, schon zeigen, wie aus dieser Art, den Protestantismus auch als soziale Bewegung zu begreifen, die Linien bis heute weitergehen. Bis hin in die Besetzung von kirchlichen Gremien und dem Verständnis Öffentlicher Theologie. Einen Ratsvorsitzenden Heinrich Bedford-Strohm[88] kann man, meine ich, ohne die Sozialisation dieser Zeit gar nicht erklären. Das sind ja schon lange Linien.

WH: Es lässt sich hinzufügen, dass man sich heute sogar mehr an sozialer Bewegung wünschen möchte. Wir reden jetzt darüber, was davon auf dem langen Weg durch die Institutionen in die Leitungsetagen durchgewandert ist. Aber das ist nur die eine Seite. Wenn man beispielsweise den Kirchentag heute betrachtet, mache ich mir, ehrlich gesagt, ernsthafte Sorgen; es geht gegenwärtig über meine Phantasie hinaus, mir vorzustellen, er würde vergleichbare Elemente von sozialer Bewegung noch einmal zustande bringen. Manche mögen das auch gar nicht für nötig halten, vielleicht auch, weil sie daran zweifeln, ob die Rolle, die er in der Nachrüstungsdebatte gespielt hat, eigentlich so hilfreich war. Da sind wir an der offenen historischen Frage, die wir vorhin bereits berührt haben. Dass der Beitrag des Kirchentags zu nachhaltigem Denken und Verhalten, auch sein Beitrag dazu, dass die grüne Bewegung nicht an der Kirche vorbeigelaufen ist, rückblickend betrachtet, gut, hilfreich und keineswegs selbstverständlich war, steht für mich fest. Ich kann mich noch an eine

[88] Heinrich Bedford-Strohm (geb. 1960), Assistent Wolfgang Hubers in Heidelberg und später Theologieprofessor in Bamberg, ist Landesbischof der Evangelisch-Lutherischen Kirche in Bayern und war von 2014–2021 Ratsvorsitzender der EKD.

Gesprächssituation zwischen dem Kirchentagspräsidium und dem Zentralkomitee der Deutschen Katholiken erinnern, bei der wir beschworen wurden, der Partei „Die Grünen"auf dem Evangelischen Kirchentag keinen Raum zu geben. Ich glaube auch, wie Sie das schon angedeutet haben, dass aufs Ganze gesehen diese Öffnung für mehr Partizipation gesorgt hat, was ja organisatorisch eine Voraussetzung dafür war, dass dem Kirchentag überhaupt so eine wichtige Rolle zuwuchs und er in einem positiven Sinn das Protestpotential mit in die Kirche hineinnahm und nicht außerhalb stehen ließ. Diese Linie halte ich auch im Rückblick für richtig. Ja, der Titel *Protestantismus und Protest* ist in gewisser Weise ein Signalbegriff dafür.

HMH: Das Kuriose ist ja, dass es dann zu einer neuen Repräsentation dieser Protestkultur kam, dem Einzug der Grünen in den Bundestag. Das war ja auch ein Lackmustest für das Funktionieren der Demokratie in den späten 1980er Jahren, dass es gelang, diesen neuen sozialen Bewegungen auch eine parlamentarische Repräsentation zu verschaffen. Die repräsentative Demokratie erwies sich als resonanzsensibel. Wenn das systematisch versperrt gewesen wäre, dann hätte tatsächlich auch die Legitimation gelitten, die aus solchen demokratischen Verfahren für Mehrheitsentscheide in strittigen Dingen zu ziehen sind.

WH: Und von Bedeutung war auch, parallel dazu zu erreichen, dass sich eine innerkirchliche Protestbewegung im Zusammenhang der Friedensfragen weiterentwickelt hat zu einer ökumenisch angedockten Bewegung, die Gerechtigkeit, Frieden und Bewahrung der Schöpfung thematisiert hat – eine thematische Erweiterung übrigens, bei der ich bedaure, dass das Freiheitsthema nicht vorkam. Das halte ich nach wie vor für ein inhaltliches Defizit des ökumenischen Denkens. Weder die direkte Anknüpfung an Menschenwürde, also das, was wir vorhin über die einzelne Person gesagt haben, noch ein direktes Anknüpfen an das Freiheitsthema gab es, mit der ironischen Folge, kann man sagen, dass die Bürgerrechtsbewegung in der DDR bei ihrem Kampf um Freiheit und Bürgerrechte an ein ökumenisches Ethos anknüpfen musste, das auf Gerechtigkeit, Frieden und Bewahrung der Schöpfung aus war und Gerechtigkeit dabei keineswegs in einem unmittelbaren Sinn als eine Formel für das verwendete, was wir unter Menschenrechten, Menschenwürde und Freiheit verstehen. Auch wenn ich das kritisch sehe, finde ich insgesamt, dass der Konziliare Prozess, der in Deutschland die Vorgeschichte hat, die wir jetzt besprochen haben, ein guter Prozess war, der seinen wichtigen Beitrag zur Friedlichen Revolution geleistet hat. Diese Bedeutung wird in manchen Hinsichten bisweilen überschätzt. Aber sie sollte auch nicht unterschätzt werden. Auch kirchlich nicht! Denn sie hat dazu beigetragen, dass wir in den Kirchen nach 1990 eine gemeinsame Sprache fanden. Sie war nicht weitreichend genug, aber immerhin hatten wir etwas, womit Ost und West sich ein Stück weit identifiziert haben, so dass wir nicht nur das Problem unvereinbarer politisch-institutioneller Regelungen in der Zeit vor 1990 hatten, sondern in den Kirchen eigentlich mehr Möglichkeiten dazu bestanden, an Gemeinsames anzuknüpfen, als in jedem anderen gesellschaftlichen Bereich.

Das lässt sich daran veranschaulichen, dass die Evangelische Kirche in Berlin-Brandenburg sich nach 1990 eine neue Grundordnung gegeben hat, indem sie die Grundordnung West und die Grundordnung Ost nebeneinander legte und sich dazu entschied, die Grundordnung Ost zur Grundlage der Arbeit an der gemeinsamen Grundordnung zu machen. Vergleichbares ist mir aus keinem anderen gesellschaftlichen Bereich – zum Beispiel den Gewerkschaften oder den Sportverbänden – bekannt. Man hätte nicht von Ferne daran denken können, dass in solchen Bereichen dergleichen möglich gewesen wäre. Ich denke an diese Sonderstellung der Kirche im Vereinigungsprozess mit einem Stück Wehmut, weil das Potential, das darin lag, nicht ausreichend gehoben und genutzt worden ist.

RA: Das sind ja zwei Aspekte, die man noch vertiefen könnte. Das eine wäre fast noch einmal ein Rückblick auf das Freiheitsthema, denn im internationalen Kontext war ja gerade diese Formel Frieden, Gerechtigkeit, Bewahrung der Schöpfung extrem umstritten: Die Länder des Globalen Südens wollten den Gerechtigkeitsbegriff vor den Friedensbegriff gestellt sehen. Im Gerechtigkeitsbegriff sahen sie wiederum vor dem Hintergrund der kolonialen Vergangenheit, den Freiheitsbegriff enthalten, den sie als emanzipativen Begriff gespielt wissen wollten. Den Nordkirchen warfen sie vor, dass sie dieses emanzipative Element eigentlich durch die Vorordnung des Friedensbegriffs kaltstellen wollten. Das heißt in meinen Augen auch, dass das emanzipative Element der Freiheit ein wichtiger Aspekt ist, denn man nicht einfach vernachlässigen kann. Die andere Thematik aber, die ich für unseren direkten Kontext spannender finde, ist: Lässt sich aus den geschilderten Erfahrungen etwas für das uns heute so beschäftigende Problem lernen, nämlich den Umgang mit den rechten Parteien, die ja unter anderem aus einer Repräsentationskrise entstanden sind? Hier fällt der Unterschied zur Friedensbewegung ja ins Auge: Die Konstellation des damaligen Kirchentags, über die wir gerade gesprochen haben, war, dass man eine linke Protestbewegung, die in der Kirche und in der Kirchenleitung zweifelsohne nicht adäquat repräsentiert war, einzubinden versucht hat – und dass dies auch gelungen ist. Das sieht mit Blick auf die Fragen, die zum Aufstieg der rechten Parteien geführt haben, anders aus. Hier gelingt es uns nicht, den nicht-rechtsextremen oder gar rechtsradikalen Teil der AfD-Sympathisanten zivilgesellschaftlich einzubinden, gerade auch nicht in der Kirche. Darüber müssen wir uns Gedanken machen.

CA: Zumal diese Klientel ja stärker als die damalige linke Protestbewegung längst in der Kirche verankert ist, wenn auch nur in wenigen Fällen in den Kirchenleitungen …

RA: … ja, oder noch in der Kirche verankert ist, das weiß man nicht mehr so ganz genau.

WH: Wenn man die Frage nach dem möglichen Wählerpotential der AfD stellt, ist zu bedenken, dass sich dieses selbstverständlich nicht eindeutig abgrenzen lässt. Nach meiner Auffassung müsste in der Kirche klar sein, dass es richtig und notwendig ist, mit potentiellen Wählern der AfD zu reden, und dass die klare Distanzierung von Politik und Ideologie der AfD, die unbedingt angesagt ist, mit der klaren Botschaft verbunden sein muss, dass es für die Kirche selbstverständlich ist, mit Menschen zu reden, die aus dem einen oder anderen Grund zur Wahl der AfD neigen oder dazu schon entschlossen sind. Sie sind und bleiben Gesprächspartner. Ich habe nicht immer das Gefühl, dass der Mut vorhanden ist, das klar zu sagen. Und damit versäumt unsere Kirche nach meiner Meinung eine Aufgabe, die sich bei ihr vielleicht noch dringender stellt als bei der katholischen Kirche. Der Kirchentag hat zu diesem Versäumnis seinen Beitrag dadurch geleistet, dass er für den Kirchentag in Dortmund 2019 einen Beschluss fasste, bei dem er immer sagen kann: Wir haben uns darauf beschränkt, dass wir keine AfD-Vertreter auf Podien einladen. Er musste aber genau wissen, dass diese Entscheidung vollkommen anders wirkt und ein anderes Signal enthält. Dabei wäre zu der Ausgangsfrage eine solche Entscheidung noch nicht einmal notwendig gewesen. Denn der Kirchentag hat eine gängige Praxis, die besagt, dass er auf seine Podien nur Menschen einlädt, die von ihrer Grundhaltung her kirchentagskompatibel sind. Bei aller Pluralität gibt es, und da sind wir wieder beim Thema von vorhin, im Blick auf die Wahrung der gleichen Würde jedes einzelnen Menschen geschriebene oder ungeschriebene Kirchentagsregeln, die es niemals in der inzwischen nicht ganz kurzen Geschichte des Kirchentags möglich gemacht haben, dass rassistische und antisemitische Äußerungen auf den Podien des Kirchentags eine Chance hätten und vorgekommen wären, weil das Filtersystem ausreichend war, das zu verhindern.

Für etwas, was nicht notwendig war, hat man ein Mittel eingesetzt, das etwas ganz Anderes bewirkt hat, nämlich große Schwierigkeiten für die Kirche insgesamt. Es ist eines der Beispiele dafür, dass Entscheidungen, die der Kirchentag trifft, bei voller Wahrung seiner Eigenständigkeit auch immer unter dem Gesichtspunkt betrachtet werden müssen, was sie für die Kirche bedeuten.

CA: So ist es. Das ist eben keine politische Stellungnahme gewesen, keine politische Entscheidung, sondern eine, die ausschließlich dazu dienen sollte, die Institution ins rechte Licht zu rücken und die obendrein die Sorge um diejenigen, mit denen man hätte reden müssen und bis heute reden müsste, sträflich vernachlässigt. Und zwar gerade im Sinne der vorhin genannten Hochschätzung ihrer Vulnerabilität: Sie sind offensichtlich so verletzt und so verletzlich, dass die Kirche mit ihnen reden müsste.

WH: Richtig.

HMH: Es gibt natürlich einen eklatanten Unterschied zu den 1980er Jahren, nämlich, dass die damaligen Bewegungen sich empathisch auf Theologumena bezogen haben: Frieden, Gerechtigkeit, Bewahrung der Schöpfung. Daraus ergibt sich eine Frage an den Zeitzeugen: Wurde das damals so akzeptiert? Heute liegt die Argumentationslast ja bei den Rechtspopulisten, die darlegen müssten, sie beriefen sich auf einen akzeptierten christlichen Traditionsbestand. Das fällt heutzutage bei Fremdenhass halt schwer. Ich weiß nicht, wie das in den 1980er Jahren in den Protestbewegungen war. Mir scheint im Rückblick, dass Friedensbewegung und Umweltbewegung, diese neuen sozialen Bewegungen, auf eine relativ klare Weise kenntlich machen konnten: Wir lesen das Evangelium neu. Das ist eine neue Aneignung, eine andere Lesart, aber es ist für alle nachvollziehbar, dass sie sich auf den christlichen Traditionsbestand berufen.

WH: Gleichzeitig hat eine Doppelstrategie funktioniert, die darin bestand, dass es einerseits große Friedenskundgebungen gab, in denen die christlichen Gruppen ein Part unter anderen waren, und dass es auf den Kirchentagen andererseits gleichzeitig Großveranstaltungen gab, bei denen der christliche Beitrag dazu profilierter zur Geltung kommen konnte. Das hat beispielsweise dazu geführt, dass die Frankfurter Rundschau in der hohen Zeit der Friedensbewegung die Bergpredigt in voller Länge abgedruckt hat. Darin lag ein Beitrag zu so etwas wie einer

Alphabetisierung in Fragen des christlichen Glaubens über die ohnehin schon motivierten Gruppen hinaus – was ich einen erfreulichen Vorgang fand. Wenn man das mit der heutigen Situation vergleicht, sehe ich einen entscheidenden Unterschied darin, dass wir nicht von einer sozialen Bewegung im eigentlichen Sinn sprechen, sondern wir reden einerseits von einer politischen Partei oder von politischen Parteien und andererseits von Menschen, die sich entschieden haben oder vor dem Vorhaben stehen, von ihrem demokratischen Wahlrecht einen Gebrauch zu machen, dessen Nutznießer die Demokratie ablehnen. Und wir wollen, dass die Menschen sich dessen bewusst sind und sich für eine solche Entscheidung nicht auf ihren christlichen Glauben berufen. Denn von Christen erwarten wir, dass sie die Demokratie ernstnehmen und zu verteidigen bereit sind, statt den Weidels oder Höckes nachzulaufen. Die Menschen, von denen wir jetzt reden, haben wir aber gar nicht als Einheit vor uns. Die kommen nicht in Massen auf den Kirchentag und planen eine Demonstration. Sondern wir müssen nun tatsächlich die Einzelnen erreichen – die verletzlichen Einzelnen – und mit ihnen über ihre wirklichen Probleme sprechen. Wir dürfen nicht zu schnell behaupten, sie hätten ein Scheinproblem. Sie haben wirkliche Probleme und wirkliche Motive, die man ernst nehmen kann, ohne sie zu teilen. Andere mag es geben, deren Motive man für verständlich und deren Konsequenzen man für falsch hält. Es gibt keinen Masterplan; es müssen in den Gemeinden unterschiedliche Formen dafür gesucht werden. Die Kirche hat an dieser Stelle auch eine Mitverantwortung für das gesellschaftliche Klima insgesamt, so dass ihre Aufgabe gegebenenfalls auch über den Kreis der Kirchenmitglieder hinausreicht. Stattdessen wird nicht nur gegenüber den Rädelsführern, den eingeschriebenen Mitgliedern und den Mandatsträgern der AfD, sondern auch denen gegenüber, die man für deren Denkweise als anfällig ansieht, eine Abgrenzungskonzeption verfolgt. Das kann zu nichts Gutem führen. Es erweitert das Potential, statt es zu verringern. Es lässt die Leute allein.

CA: Das spricht für eine massive Perspektivenveränderung innerhalb der Kirchen, insbesondere der Kirchenleitungen und Gemeindeleitungen. Die leitenden Figuren sind doch sehr viel stärker als sie das selbst wahrnehmen beseelt von dem Gedanken, zu wissen, was richtig und was falsch ist, wie Leute leben sollten, was sie denken sollten und was nicht. Träger bestimmter Auffassungen – zum Beispiel, dass es keinen Familiennachzug geben sollte oder dass homosexuelle Paare keine Kinder großziehen sollten oder dass man in bestimmten Gegenden nicht auf den Diesel verzichten kann – werden schlicht nicht wahrgenommen, weil sie nicht in das Raster der richtigen und guten Denk- und Lebensweisen passen. Das ist doch sehr viel stärker verbreitet als wir das in der innerkirchlichen Wahrnehmung sehen, fürchte ich, und es werden Menschen ausgeschlossen mit einer gewissen Haltung der Verachtung, weil sie ohnehin als verloren oder unerreichbar für die Kirche gelten. Aber dass das Leute sind, die Sorgen haben und mit denen man anders reden muss, als dass man ihnen sagt, was sie denken und wie sie leben sollen, sondern indem man sie fragt, wie es ihnen geht und indem man versucht, ihre Sorgen zu verstehen, das fehlt doch in eklatanter Weise.

WH: Die Wahrscheinlichkeit, Menschen anderer Denkweise zu erreichen, ist deswegen nicht groß, weil tatsächlich die Menschen, die den Weg der einzelnen Gemeinden bestimmen, oft homogene Gruppen bilden, die vorrangig darauf ausgerichtet sind, Veranstaltungen für Menschen zu planen, die ähnlich denken und ähnliche Interessen haben wie sie selbst.

CA: Und das geht bis hin zu der Frage, wer der Seelsorge würdig ist und wer nicht. Da herrscht *de facto* ein fataler Exklusivismus.

RA: Vielleicht könnte man das noch einmal in einen größeren theologischen Zusammenhang stellen. Dann ließe sich möglicherweise festhalten, dass die Friedensbewegung sich auch deswegen der Kirche öffnen konnte und die Kirche sich ihr öffnen konnte, weil die Friedensbewegung sich in der Sprache der Bergpredigt und des Neuen Testamentes artikulieren konnte. Sie konnte sich völlig unbestritten in der Form eines etablierten religiösen Frameworks ausdrücken und fand deshalb Resonanzräume, die sie in den politischen Parteien nicht unbedingt fand. Das sieht heute deshalb anders aus, weil denjenigen, die – mit welchen Gründen auch immer – sagen, für mich steht in Genesis 1, er schuf sie als Mann und Frau und deswegen sind für mich nur heterosexuelle Beziehungen möglich, ein solcher Rekurs auf biblisches Gedankengut schlicht entwunden wird, indem ihnen gesagt wird, es sei illegitim, so zu sprechen. Da haben wir auch hermeneutisch das ungeklärte Problem, wer die Schrift für welche Positionen in Anspruch nehmen kann …

CA: … und wer entscheidet, welche Interpretation in welchem Zusammenhang stimmt.

RA: Ich selbst habe da politisch und ethisch durchaus eine klare Meinung. Nur glaube ich, man muss schon zu Kenntnis nehmen, dass die Sache im Blick auf das Traditionsgut, was wir haben, doch schwieriger ist. Und das ist, glaube ich, ein ganz zentraler Unterschied zu der Friedensbewegung, in der total unstrittig war, dass wir die Bergpredigt nicht aus unserem Kontext entfernen können. Das war nie irgendwie thematisch. Nur dass man sie nicht als politisches Programm verwenden dürfe.

HMH: Das kann man auch noch einmal anders beschreiben. Ein Ergebnis unserer Forschungsgruppe[89] war doch, dass der Protestantismus immer dann besondere Integrations-, aber auch Prägekraft hatte, wenn er die gesellschaftlichen Konflikte in den eigenen Reihen noch einmal abgebildet und zur Aufführung gebracht hat. Und dieses Moment des ‚Und-zur-Aufführung-Bringens' im Hinblick auf rechtspopulistische Phänomene ist eine Riesenherausforderung. Man könnte auch sagen, die Bewegung der 1980er Jahre war so erfolgreich, dass darunter die Integrationskraft in den 2010er und 2020er Jahren in gewisser Weise leidet, weil man dem rechtspopulistischen Vorbringen, bestimmte Ordnungsvorstellungen seien doch biblisch, beispielsweise die Menschenrechte entgegenhält und sagt: Du kannst bestimmte Dinge wie etwa das Recht auf Selbstverwirklichung auch in geschlechtlicher Diversität nicht mit Biblizismus in Frage stellen. Das ist natürlich die theologisch aufgeklärte Position. Aber man müsste auch den Konflikt erst einmal zulassen, performativ darstellen und das ist natürlich schwierig, ohne bestimmte Grenzen zu überschreiten. Über Migrationspolitik in aller Breite zu diskutieren, ernsthaft, innerkirchlich, ohne xenophobe Stereotypen zu bemühen, das wäre eine echte Leistung. Oder über Fragen sexueller Diversität und Familienpolitik so zu diskutieren, dass nichts

[89] S.o. Anm. 79.

in der Schublade verschwindet, wie 2014 ein EKD-Papier zur Sexualethik, sondern dass das auf offener Bühne ausgetragen wird. Da waren die 1980er Jahre integrativer, scheint mir, weil sie konfliktfreudiger waren. Die alte These Ralf Dahrendorfs[90], dass auch Konflikte integrieren, hatte man innerkirchlich in den 1980er Jahren besser beherzigt als heute.

WH: Man muss zugeben, dass der Austrag der Kontroversen in den 1980er Jahren nicht einfach war. Die Gelegenheiten, bei denen Vertreter des Arbeitskreises ‚Sicherung des Friedens' und Vertreter der Friedensbewegung an einem Tisch saßen, waren nicht sehr zahlreich. Wenn sie auf dem Kirchentag stattfanden, war die Gefahr, dass es Klamauk gibt, durchaus gegeben. Die Stärke bestand darin, dass Gleichgesinnte ihre Anliegen öffentlich inszeniert haben. Die Gleichgesinnten, die in der jetzigen Situation im Raum der Kirche oder im Zusammenhang mit Kirche öffentlich inszenieren könnten, sind am ehesten die Aktionsbündnisse gegen Rechtsextremismus und Gewalt. Auch sie sind derzeit nicht so aktiv, wie sie dies in zurückliegenden Jahren waren. In Brandenburg beispielsweise entstand mit Unterstützung der Landesregierung ein zivilgesellschaftliches Aktionsbündnis mit starker Beteiligung der Kirchen.

Mein Eindruck ist, dass wir für die Frage, die wir jetzt besprechen, nämlich den Umgang mit vulnerablen Menschen, die zu der Überzeugung gelangen, ihre Enttäuschung werde von den etablierten Parteien nicht angemessen gehört, aus den ganz anders gearteten historischen Erfahrungen mit früheren Protestbewegungen nicht unmittelbar lernen können. Eine Umorientierung vollzieht

[90] Ralf Dahrendorf (1929–2009) war Soziologe und Politiker.

sich in diesem Fall nicht über Großveranstaltungen, ihr potentieller Ort ist vielmehr die einzelne Gemeinde. Ich habe in anderen Zusammenhängen von der Außenmembran der Kirche gesprochen: Wenn man sie erreichen will, braucht man dafür gezielte Veranstaltungen, in denen es nicht nur darum geht, die zu erreichen, die ohnehin mit einiger Regelmäßigkeit bei Veranstaltungen dieser Gemeinde dabei sind. Sondern es geht um diejenigen, die verdrossen zwar gerade eben noch ihre Kirchenmitgliedschaft aufrechterhalten, aber sonst von nicht mehr viel etwas wissen wollen – aber auch um diejenigen, die in ihrem Verdruss auch die Kirchenmitgliedschaft aufgegeben oder einen Schritt in die Kirche noch nicht vollzogen oder noch nie erwogen haben. Für sie muss man Gesprächsmöglichkeiten in kleineren Kreisen schaffen. Es kommt dabei nicht auf die schnell erreichte Menge an, sondern auf den konkreten Einzelnen. Das ist ein Beispiel dafür, dass ein Thema nicht erst dann wichtig ist, wenn mit ihm viele Menschen erreicht werden. Aus jedem Gespräch dieser Art kann sich ein nächster Schritt ergeben.

CA: Wenn sich nur mitteilen würde: Die reden mit mir – statt dass, wie derzeit, der Eindruck vermittelt wird: Die reden sowieso nicht mit mir. Keiner: die einzelne Pfarrperson nicht, das einzelne Kirchenmitglied nicht und die Leitung schon gleich gar nicht.

RA: Das würde aber doch für die Frage des Verhältnisses von Kirche und Demokratie heißen, dass die Kirche die Aufgabe hätte, etwas zu leisten, was das parlamentarische System im Augenblick offensichtlich nur unzureichend gelingt, nämlich solchen Gruppen eine Repräsentation in der demokratischen Gesellschaft zu ermöglichen. Doch hier gibt es unweigerlich das Problem, dass der parlamentarische Arm der Rechten schon am Rande des grundgesetzlichen Spektrums steht. Man kann hier sicherlich nicht allen Radikalismus oder gar Extremismus vorwerfen, aber dass die Tendenz doch sehr klar ist, steht außer Frage, scheint mir. Dennoch bleibt die Aufgabe, die zu integrieren, die noch innerhalb der liberalen Demokratie zu verorten sind. Man müsste dann aber etwas versuchen, das in dieser Form ohne Vorbild ist, denn im Fall der Integration der Friedensbewegung und der Umweltgruppierungen handelte es ich ja um ein ganz anderes politisches Spektrum, das noch dazu heute in den Leitungsebenen der evangelischen Kirche weit verbreitet ist.

HMH: Zudem ja nicht ganz klar ist, wenn man sich die Debattenlage über diese populistischen Bewegungen mal anschaut, wo das vulnerable Moment ist. Und auf die Frage müsste man sich ja einlassen: Natürlich steckt ein sozioökonomisches Problem dahinter, das hat mit Globalisierungsprozessen zu tun, mit der Stärkung von Wissensökonomien im Vergleich zu industriellen Produktionen und so weiter. Aber es gibt eben auch eine kulturelle Dimension. Also die Anywheres und die Somewheres und die vorhin schon beschriebene Gesellschaft der Singularitäten ist ja nur eine Perspektive auf solche kulturellen Verschiebungen. Die neue Mittelschicht ist eine kulturell produktive, ökonomisch teilweise starke Schicht, aber sie bildet nur ein Segment der Gesellschaft. Daneben gibt es solche, die sich jetzt als kulturelle Modernisierungsverlierer begreifen. Und es fehlt im Moment an dem Willen, für die überhaupt eine adäquate theologische Sprache zu finden, also eben nicht nur zu sagen: Wir wenden uns ihnen jetzt zu, sondern es als Aufgabe der Kirche in den Blick zu nehmen, diesen Menschen eine Sprache anzubieten, die nicht ihre Ressentiments affirmiert, aber doch das, was als Verlust- und Bedrohungserfahrung wahrgenommen wird, ernst nimmt und reflektieren hilft. Da stehen wir gar nicht. Wir haben weder die Foren in der Kirche noch die Theologie, die dafür passgenau wäre. Aber jetzt sind wir bei der Theologie und von Demokratie ein ganzes Stück weg.

WH: Eigentlich nach meiner Meinung nicht.

HMH: Wir reden über eine Aufgabe der Kirche in der Demokratie, über den demokratiedienenden Dienst der Kirche, vielleicht auch den gemeinschaftsdienenden Dienst der Kirche. Das wäre zugleich ja, zumindest, wenn man an einer bestimmten Sozialgestalt von Kirche festhalten will, auch ein Dienst an der Kirche selbst. Dann lautet die Frage: Will man sich noch in solchen Linien eines volkskirchlichen Modells weiter bewegen? Dann muss man zugleich eben auch hinreichend Integrationskraft entfalten in verschiedene Milieus. Dann muss man auch Gremien in Mindestrepräsentativität besetzen, also gesellschaftliche Vielfalt in einer Synode oder in einer Kammer abbilden. Das wäre jetzt eine Frage an den langzeitbeobachtenden Theologen, ob und wie das gelingt. Oder ist das an eine gewisse Grenze gekommen? Stoßen wir mit dieser sozialen Gestalt, mit diesem normativen Anspruch der Kirche an eine Grenze, an der man sagt, die Spannungen sind zu groß, die in dem System enthalten sind?

WH: Man könnte an dieser Stelle überlegen, was die Verlagerung kirchlicher Aktivitäten in den digitalen Bereich in diesem Zusammenhang bedeutet. Das ist ja eine der Stellen, an denen Kirche Menschen erreicht, die sie mit dem herkömmlichen parochialen System nicht erreicht. Und man kann sich auch vorstellen, dass die Kanäle der

Digital Church und die Aktivitäten der Digital-Pfarrer und -Pfarrerinnen, die wir jetzt an manchen Orten haben, sehr viel mehr Menschen in dieser Lebenssituation erreichen als die örtlichen Gemeinden, die bis zum Beginn der Corona-Krise auf Präsenzveranstaltungen ausgerichtet waren.

RA: Ein bestimmtes, auch älteres Spektrum unserer Kirchenmitglieder, die manche Entwicklungen gerade im Bereich der Familienbilder kritisch begleiten, erreicht man dadurch nicht. Bei den sonstig Affinen bedürfte es einer entgegenkommenden Kommunikationsform, die das nicht gleich immer mit einer Zumutung verbindet. Es ist natürlich klar, dass das eine enge Gratwanderung ist. Aber ob man z.B. unbedingt bei den Protagonistinnen und Protagonisten von evangelisch.de ein weiblich homosexuelles Ehepaar in den Vordergrund stellen sollte, wäre doch zumindest zu bedenken. Gerade für den digitalen Bereich wäre doch darauf zu achten, dass kirchliche Initiativen nicht das Fragmentierungspotential, das in diesem Bereich sowieso vorhanden ist, noch weiter verstärken, sondern ein gewisses Integrationspotential haben.

HMH: Hinter den identitätspolitischen Debatten stecken ja auch Vulnerabilitätserfahrungen, deshalb tut man sich keinen Gefallen, wenn man einfach alte gesellschaftliche Marginalisierungsstrategien weiterführt. Ich finde, so etwas wie ‚Anders Amen'[91] kann man in der kirchlichen Medienarbeit machen und zugleich braucht es noch etwas Komplementäres. Und dann muss eben darum gestritten werden, was das heißt für Familienmodelle, für Modelle gelingenden christlichen Lebens. Das hat man ja eine Zeit lang in den Debatten zur Segnung homosexueller Paare

[91] www.youtube.com/andersamen.

gemacht: zu überlegen, was bedeutet das für eine christlich plausible Lebensform? Heißt das nicht gerade, dass wir die stärken, segnen, begleiten, die in einer bestimmten Form von Verlässlichkeit, von Treue, von wechselseitiger Zuwendung auf Dauer bis in den Tod hinein leben wollen? Ist das nicht so eine plausible Lebensform?

WH: So haben wir das ja schon während meiner Zeit im Rat der EKD versucht, indem wir gesagt haben: Verlässlichkeit und Verantwortung zu stärken ist die Aufgabe, um die es gegenüber dieser Gruppe geht, und wenn sie signalisieren, dass die Ehe eine Form ist, in der Verlässlichkeit und Verantwortung gestärkt werden, ist das ernst zu nehmen. Allmählich ist daraus die Einsicht entstanden: Wenn sie die Kriterien der Ehe für ihre Lebensform übernehmen wollen, wird schrittweise etwas herbeigeführt, was die Ehe insgesamt stärken kann.

HMH: Diese Debatten muss man für andere Bereiche führen. Aber das ist für andere Bereiche nicht geschehen.

RA: Bei der Ehe war es erfolgreich. Aber nun steht die Debatte ins Haus, nämlich wie wir die Familienmodelle konzipieren, die aus der Gleichstellung hetero- und homosexueller Partnerschaften entstehen. Das betrifft im Wesentlichen die mit dem Kinderwunsch männlich homosexueller Paare verbundene Frage der Leihmutterschaft. Hier geht es um sehr diffizile und auch sensible Problemlagen, bei denen wir gut daran täten, entsprechende Muster bereits jetzt zu entwickeln und zu diskutieren. Mein Gefühl ist, dass die Theologie und damit natürlich auch die theologische Ethik hier eine enorme Bringschuld hat. Dabei geht es möglicherweise gar nicht so sehr um normative Grundorientierungen, sondern darum, die richtigen sprachlichen Bilder zu finden.

WH: Ich sehe zwei ungelöste Probleme, auf die ich kurz zu sprechen kommen will. Das eine ist, dass der Weg der vollkommenen Gleichstellung aller diversen Lebensformen nie an ein Ende kommt. Immer, wenn man gedacht hat, man hat eine gute Lösung für einen Wunsch nach Anerkennung gefunden, kommt der nächste. Das ist das eine Problem. Das andere Problem besteht darin, dass diejenigen, die in einer überlieferten Lebensform leben, ihre eigene Form dadurch entwertet finden, dass sie für alle gleichzeitig gelten soll. Von selber versteht sich das keineswegs. Wieso soll unser relativ konventionelles Leben weniger schön sein, wenn Menschen sein Muster auch für Zwecke benutzen, die wir überraschend finden? Der Wert der Ehe wird in Wahrheit nicht dadurch gemindert, dass sie auf weitere Lebenskonstellationen angewandt wird. Handelt es sich vielleicht eher um den Missbrauch ‚christlicher' Institutionen zur Ausgrenzung anderer? Ich glaube, das ist ein wichtiger Aspekt dieser Debatte. Und es ist schwer, damit umzugehen, weil derjenige, der versucht, anderen eine solche Überlegung nahezubringen, selbst als der Übeltäter gilt.

RA: Es ist wirklich interessant, wie wir jetzt von einer anderen Ecke wieder an das Freiheitsproblem herangekommen sind und wie dessen Ambivalenzen hier zu stehen kommen. Es bleibt eben ein Unruhepotential. Hier merken wir, Sie haben es wunderbar beschrieben, wenn man auf das Individuelle setzt, lässt sich der Prozess, den das freisetzt, nicht mehr begrenzen. Wenn man aber umgekehrt auf eine Zurückweisung individueller Orientierung setzt, auf Ordnungen setzt oder auf die Institution, dann droht dies das Individuelle zum Verschwinden zu bringen. Die Balance zwischen diesen beiden Alternativen zu finden, beide Aspekte zusammenzuhalten in einem Feld, in dem es sehr schnell zu Verletzungen kommt, ist sehr schwer. Aber gerade das wäre eigentlich die Aufgabe, die wir leisten müssten.

HMH: Das müsste doch gute Theologie leisten. Jetzt ist theologische Urteilsbildung gefragt. Da nehme ich noch einmal auf, was Sie in dem Freiheitskontext gesagt haben: Die theologische Urteilsbildung hilft natürlich nur dann, wenn man sich auch auf ihre kommunikativen Vollzüge einlässt. Das heißt, dass ich auch als derjenige mit einer starken Überzeugung noch einmal in die eine oder in die andere Richtung höre, wäge, urteile, argumentiere und nicht nur in einer Echokammer verharre und sage: So ist es und jetzt will ich von meiner Kirche noch, dass ich darin bestätigt werde.

VII. (Öffentliche) Theologie

1. Zur Rolle der Theologie als Wissenschaft

CA: Wir sollten im nächsten Schritt auf die Theologie zu sprechen kommen. Wenn ich es richtig sehe, haben Sie sich als Bischof, Ratsvorsitzender, auch als Kirchentagspräsident immer dezidiert als Theologe verstanden, als Theologe im kirchlichen Amt. Vielleicht vorher, im akademischen Lehramt, auch als kirchlich gebundener, kirchlich interessierter, kirchlich beauftragter Mensch im theologischen Amt. Lassen Sie uns doch ins Gespräch einsteigen mit der Frage, welche Vorstellungen von der Theologie dahinter stehen: welche Vorstellungen von der Aufgabe der Theologie, von der Funktion der Theologie für die Kirche, vielleicht auch für die Gesellschaft, für das kirchlich-theologische Subjekt selbst.

WH: Die Theologie hat zunächst einmal eine Aufgabe im Kreis der Wissenschaften. Ich glaube, das muss man immer wieder unterstreichen. Es ist eine Stärke der Situation in Deutschland, gerade im internationalen Vergleich, dass die Theologie ins Wissenschaftssystem integriert ist und sich vor der Wissenschaft legitimieren muss als eine akademische Disziplin – besonderen Charakters, ohne jeden Zweifel –, aber als eine Disziplin, die sich ihrer wissenschaftlichen Standards bewusst ist. Dabei kommt mir als erstes ein bemerkenswerter Vorgang in den Sinn, mit dem ich scheinbar von ihrer Frage nach der Bedeutung der Theologie für die Kirche abweiche.

Angesichts der religiösen Pluralisierung hat der Wissenschaftsrat nach längeren Beratungen, im Übrigen auch nach Konsultationen mit den Kirchen, im Jahr 2010 die Etablierung jüdischer und islamischer Theologie an deutschen Universitäten vorgeschlagen. Das habe ich als Ratsvorsitzender miterlebt. Der Vorsitzende des Wissenschaftsrats Peter Strohschneider und der Vorsitzende der zuständigen Kommission Lutz Raphael trugen mir diese Überlegungen frühzeitig vor. Ich habe mich klar dafür ausgesprochen, diese Besonderheit des deutschen Wissenschaftssystems auf die Situation religiöser Pluralität anzuwenden und dafür zu sorgen, dass jüdische und islamische Theologie in dieses System integriert werden. Gegenwärtig ist es spannend mitzuerleben, welche Konstellationen und neuen Fragestellungen sich dabei ergeben; aber ich bin sehr dafür, dass christliche Kirchen und christliche Theologien diesen Prozess aktiv bejahen. Es wäre eines der Beispiele, an denen Theologie und Kirche zeigen können, um einen Münchner Ausdruck zu verwenden, dass sie pluralismusfähig sind. Ich glaube, die Zukunftsperspektive der Kirche als sozialer Institution hängt stark davon ab, ob sie diese Pluralismusfähigkeit entwickelt und zur Geltung bringt. Das ist eine der Formen, in denen sie über die eigenen Grenzen hinausschaut, und ohne über die eigenen Grenzen hinauszuschauen, kann sie nicht innerhalb ihrer Grenzen produktiv tätig werden.

Aus dieser Perspektive geht man von der Betrachtung der Theologie als Wissenschaft nicht in einen ganz anderen Theologiebegriff über, wenn man nun die Frage stellt, worin die Bedeutung der Theologie für Kirche und Gesellschaft besteht. Denn jetzt kommt als zweites hinzu, dass der ganze Charme der Theologie darin besteht, dass sie unterschiedliche Wissenschaftstypen, die sonst eher getrennt voneinander existieren, in sich integriert – und zwar möglichst nicht additiv, sondern tatsächlich integrativ. Sie ist eine historische, systematische und praktische Wissenschaft. Die Pointe besteht darin, dass diese drei Dimensionen zusammengehören und dass sie ihre praktischen Aufgaben nicht erfüllen kann, ohne ihre historischen und ihre systematischen Aufgaben ernst zu nehmen.

Obwohl ich inzwischen ziemlich lange Theologe bin und obwohl diese lange Zeit nicht ganz frei von Ernüchterungsprozessen war, halte ich daran fest, dass Theologie die schönste Wissenschaft ist, die ich mir vorstellen kann. Das sage ich bewusst in einer Situation, in der eher das Gefühl vorherrscht, dass im Zusammenhang mit der Veränderung der gesellschaftlichen Situation von Kirche auch die Theologie im Wissenschaftssystem mit schrofferem Gegenwind zu tun hat als zu anderen Zeiten. Man muss mit dankbarem Stolz sagen: Es ist eine großartige Aufgabe, eine wunderbare Disziplin, die wir glücklicherweise praktizieren dürfen, der unsere Lebensaufgabe gilt und der wir mit Lust und Zuversicht nachkommen können. Ich glaube, ohne dass Lehrende an der Universität etwas von dieser Freude an der Theologie ausstrahlen, die ich jetzt zu beschreiben versucht habe, bleiben sie ein wenig hinter ihrer Ausbildungsaufgabe zurück und vermitteln auch nicht die Freude für theologische Existenz, die sie eigentlich – jetzt wähle ich ein altmodisches Wort – als Vorbilder für Studierende ausstrahlen sollten. Das ist mein Idealbild.

RA: An der Universität erleben wir allerdings derzeit stark die Eigenmacht der Organisation ‚Universität', die an dieser Einheit der Theologie mit großer Massivität zerrt. Insbesondere die historischen Fächer werden in den Kanon der historisch-philologischen Nachbardisziplinen gezogen und haben dann keine Anbindung mehr an die kirchliche Praxis. Das verbindet sich damit, dass wir doch eine wachsende Zahl von Kolleginnen und Kollegen gerade in diesen Fächern haben, die gar keine kirchliche Ausbildung mehr haben. Etwas pointiert formuliert: Mit den Altorientalisten, mit den Altphilologen wird gearbeitet und man hat eigentlich auch nur dann wirklich gute akademische Karrierechancen in diesem Bereich, wenn man dort auf Augenhöhe ist und – in der Perspektive dieser Disziplinen wiederum ist es ein Makel, sich auch normativ oder gar praktisch mit den Fragen der Theologie beschäftigt zu haben. Haben Sie diese Entwicklung auch selbst noch in Heidelberg miterlebt? Oder hat sich diese Entwicklung erst nach ihrer aktiven Zeit ergeben, möglicherweise auch erst nach der Zeit als Bischof und Ratsvorsitzender?

WH: Es gibt sicher graduelle Verstärkungen dieser Tendenz, aber schon als ich 1984 nach Heidelberg zurückkam, war das durchaus präsent und wir haben damals in Heidelberg auch als theologische Fakultät einen Kurs verfolgt, bei dem wir das produktiv Interdisziplinäre in dieser Entwicklung gesucht haben, und zwar nicht nur in den historischen Disziplinen, sondern ebenso in den systematischen. Kooperationen mit Altphilologen haben die Kollegen nicht als organisatorische Notwendigkeit angesehen; sondern sie sahen es als eine Pflicht an, da sie selber mit antiken Philologien beschäftigt waren, auf Augenhöhe mit deren Vertretern zu diskutieren. Ein positiver Effekt bestand in meinen Augen darin, dass beispielsweise neutestamentliche Kollegen Abstand davon nahmen, neutestamentliche Schriften in möglichst kleine Einheiten aufzugliedern, um dann zu behaupten, diese seien von Abschreibern in falscher Reihenfolge wiedergegeben worden. Solche Exzesse traten in den Hintergrund. Das hat nach meiner Erfahrung nicht nur dem Verhältnis zu nichttheologischen Disziplinen, sondern auch der Kooperation innerhalb der Theologie gut getan. Gewiss gab es auch damals Kollegen, die sich mehr oder weniger ausschließlich als Philologen oder Archäologen verstanden und beispielsweise die Theorie vertraten, von allem, was in der Hebräischen Bibel stehe, sei nur das valide, für das es externe archäologische oder schriftliche Zeugnisse gebe.

Auch vor einer Generation gab es in den theologischen Fakultäten Kollegen, die keine professionelle Verbindung zu kirchlicher Praxis hatten, keine praktisch-theologische Ausbildung durchlaufen hatten und sich auch als Theologieprofessoren nicht darum bemühten, in den praktischen Dienst der Kirche einbezogen zu sein – von der Mitwirkung an kirchlichen Examina abgesehen. Als Bischof habe ich mich dafür eingesetzt, dass wir einen eigenen Weg zur Ordination von Theologieprofessorinnen und Theologieprofessoren entwickelt und angeboten haben, bei dem wir ein sicher nicht perfektes, aber wenigstens praktisch realisierbares Element praktisch-theologischer Ausbildung berufsbegleitend ermöglicht haben. Und ich habe dann als Bischof auch einige Ordinationen von Hochschullehrerinnen und Hochschullehrern selbst in Ordinationsgesprächen vorbereitet und bisweilen selbst vorgenommen. Ich kenne Beispiele dafür, dass sich daraus langfristig positive Wirkungen ergaben. Gewiss erhöht sich für viele der Druck, sich vorrangig durch ihre wissenschaftliche Qualifikation zu legitimieren. Aber man sollte nicht vor der Aufgabe resignieren, im Handlungsfeld der Kirche, für das man ausbildet, selbst präsent zu sein. Ich glaube, es hängt sehr viel davon ab, dass die Professorenschaft insgesamt dafür einen Sinn hat und sich über praktische Wege austauscht, Hochschulgottesdienste eingeschlossen. Die Kirche muss wahrnehmen, dass die Ausgangsbedingungen dafür in vielen Fällen heute anders sind als vor einer oder zwei Generationen, und darauf mit praktikablen Vorschlägen reagieren.

CA: Wenn Sie zurückblicken: Hat sich ihr Theologieverständnis entwickelt oder vielleicht sogar verändert, wenn man an den Studenten denkt, der die Theologie in einer bestimmten Form wahrnimmt, an den Vikar und Pfarrer, dann spezialisierend, an den Doktoranden in der Patristik, an den in die Systematische Theologie wandernden Forscher der FEST in Heidelberg, an den Professor in Marburg und Heidelberg, an den Kirchentagspräsidenten, an den Bischof und Ratsvorsitzenden: Gibt es da Wandlungen oder Entwicklungen im Theologieverständnis oder in den Akzentsetzungen?

WH: Im Rückblick verbindet man die Entwicklung, die man durchlaufen hat, oft mit einer Logik, die im Vorhinein gar nicht da gewesen sein konnte. Aber ich habe es immer für ein großes Glück gehalten, dass ich in einer methodisch strengen Disziplin theologisch-wissenschaftlich angefangen habe. Für mich war die Idee, dass Theologen in ihrer Disziplin auf Augenhöhe operieren müssen mit denjenigen, die vergleichbare Aufgaben und Methoden außerhalb der Theologie haben, nicht neu, weil die Harnack-Lietzmann-Schule, mit deren Nachfolgern ich als

Patristiker in Verbindung kam, das als selbstverständlich vorausgesetzt hat – inklusive der Umkehrung, dass Nichttheologen, die in demselben Forschungsfeld gearbeitet haben, von den Theologen ernst genommen wurden. In dieser frühen Zeit hat eine Rolle gespielt, dass mein Tübinger Doktorvater Walther Eltester[92] und sein Assistent Hans-Dietrich Altendorf die patristischen Aufsätze von Eduard Schwartz veröffentlicht haben[93], einem Altphilologen, der mit Selbstverständlichkeit das frühe Christentum als Teil seines Forschungsgebiets verstanden hat. Das habe ich dann in Heidelberg noch einmal an Albrecht Dihle[94] erlebt, einem Altphilologen, der eine große theologische Neugierde hatte, die frühchristlichen Quellen interessant fand und selbstverständlich als Teil seines Forschungsgebiets betrachtete. Von daher habe ich die Methodenstrenge, die in dieser großen Tradition der Patristik herrschend war, als eine ungeheure persönliche Bereicherung erlebt. Die Lehre hieß: Auch im Bereich der Theologie ist überprüfbar, ob jemand anständig arbeitet oder nicht. Das hat vielleicht dazu beigetragen, dass ich bei der Arbeit an *Kirche und Öffentlichkeit* versucht habe, eine vergleichbare

---

[92] Walther Eltester (1899–1976) war Professor für Kirchengeschichte in Berlin, Marburg und Tübingen.

[93] Eduard Schwartz (1858–1940) war Professor für Altphilologie in Rostock, Gießen, Straßburg, Göttingen, Freiburg und München. Er gehörte zahlreichen wissenschaftlichen Akademien an. Die Bände III–V seiner Gesammelten Schriften wurden von Walther Eltester und Hans-Dietrich Altendorf herausgegeben (Berlin 1959, 1960 und 1963). Vgl. Christoph Markschies: Eduard Schwartz und die Kirchengeschichte, in: Crux interpretum. Ein kritischer Rückblick auf das Werk von Eduard Schwartz, hg. von Uta Heil und Annette von Stockhausen, Berlin / Boston 2015, S. 1–16.

[94] Albrecht Dihle (1923–2020) war von 1974 bis 1989 Professor für Gräzistik in Heidelberg.

Form methodischer Klarheit und Überprüfbarkeit auch in die Systematische Theologie hineinzubringen, ohne sie auf empirisch Verifizierbares zu reduzieren, was natürlich keinen Sinn ergibt. Diese Grundidee hat wohl – teils explizit, teils unterschwellig – meinen weiteren theologischen Weg geprägt. Der Übergang in die Systematische Theologie hatte zusätzlich damit zu tun, dass mich nicht mehr nur die Frage interessierte, wie etwas geworden ist, sondern ebenso die Frage, wie es werden kann. Von daher stimmt es, dass ich Systematische Theologie mit praktischer Absicht betrieben habe und auch heute noch betreibe. Diese praktische Absicht hat zumindest zwei Teile: Einerseits war ich an der Praxis der Kirche existentiell und theologisch auch in der Zeit interessiert, in der ich beruflich nicht unmittelbar im kirchlichen Dienst tätig war; ich habe es andererseits nicht als einen biographischen Bruch angesehen, als es zum Übergang in ein kirchliches Amt kam. Ich ging davon aus, dass ich zum Bischof gewählt wurde, nicht obwohl, sondern weil ich Theologe war. Bei den Menschen, mit denen ich im Bischofsamt zu tun hatte, war das Interesse am theologischen Aspekt meiner Arbeit sicher unterschiedlich ausgeprägt. Aber insgesamt glaube ich, dass es ganz schön schwer wäre, ein Bischofsamt ohne Theologie auszuüben.

HMH: Bestätigen Sie da eine Regel oder sind Sie mit diesem Typus eine Ausnahme? Man hört doch häufig die Klage, dass sich die akademische Theologie und das, was man kirchliche Theologie nennen kann, ausdifferenziert hat, vielleicht sogar entfremdet hat: Es herrsche eine gewisse Sprachlosigkeit zwischen Kirchenleitenden oder Gemeindebedarf hier und akademischer Theologie dort. Haben Sie das so wahrgenommen? Gibt es solche Tendenzen? Und wenn ja: sind sie problematisch oder sind sie Bestandteil eines normalen Ausdifferenzierungsprozesses, mit dem man leben muss? In der langen Tradition der Kirche der Reformation würde ich persönlich dazu neigen, das zu einem Problem zu erklären und nicht nur die Schulter zu zucken.

WH: Ich sehe darin sogar mehrere Probleme. Dass ich von der theologischen Lehre in das kirchenleitende Amt gekommen bin, hat sich unter anderem darin ausgewirkt, dass ich, wann immer ich an der Auswahl von Kandidaten für ein bestimmtes theologisches Amt beteiligt war, bei Vorstellungsgesprächen immer wieder die Frage gestellt habe: „Was interessiert Sie eigentlich theologisch besonders? Womit haben Sie sich in den letzten Jahren theologisch beschäftigt? Gibt es ein Buch, dass Ihnen besonders wichtig ist?“ Oft waren die Antworten für mich enttäuschend. Eine besonders häufige Antwort hieß: „Ich lese die homiletischen Hilfen für die Sonntagspredigt.“ Meine Enttäuschung über solche Antworten konnte ich manchmal nur schwer verbergen. Der verbreitete Hinweis auf die Überlastung von Pfarrerinnen und Pfarrern mit Verwaltungsaufgaben hat mir nicht wirklich weitergeholfen. Hier ist irgendwo etwas verloren gegangen. Bisweilen überkommt mich der Eindruck, auch Theologiestudierende lesen theologische Texte oft nicht außerhalb der Ausschnitte, die ihnen gescannt werden, damit sie sie bequem zur Hand haben. Sie entwickeln auf diese Weise kein Gefühl für das Buch, aus dem sie einen Ausschnitt lesen. Der besondere Charakter eines Buchs erschließt sich jedoch aus dem für eine Seminareinheit gewählten Ausschnitt allein nicht. Die rezeptive Lektüre für eine Seminarsitzung oder für die Vorbereitung einer Predigt sollte nicht die einzige Form sein, in der Theologie zur Kenntnis genommen wird. So weit diese Diagnose eines weitgehenden Verzichts auf eigenständige Orientierung in einem weiteren Umkreis zutrifft, finde ich sie beunruhigend. Vielleicht übertreibe ich, das mag sein.

RA: Das verweist auf ein anderes, größeres Problem. Denn wenn man mit Pfarrern und Pfarrerinnen ins Gespräch kommt, dann höre ich immer wieder: „Das, was uns die Theologie an der Universität vermittelt hat, war völlig dysfunktional zu dem, was ich als Pfarrerin oder Pfarrer an Anforderungen habe. Ich hätte Recht studieren sollen, Baurecht, Personalrecht, Sozialrecht. Denn mich beschäftigen eher solche Fragen, zum Beispiel, wie genau das Sozialversicherungsrecht für Kindergärtnerinnen in Elternzeit ist." Mein persönlicher Tiefpunkt in dieser Sache war eine Gesprächsrunde vor der hannoverschen Landessynode zur Reform des Theologiestudiums im Kontext der Bologna-Reformen vor einigen Jahren. Hier kam plötzlich eine Stimmung auf, in der viele das Problem auf die Formel brachten: ‚Theologiestudium – sechs verlorene Jahre.' Wenn Pfarrer und Pfarrerinnen so etwas immer wieder sagen, dann stimmt irgendetwas nicht mit der Theologie, die wir an den Universitäten anbieten. Ich möchte das etwas konkretisieren: Ich habe das Gefühl, dass die Formatierung unserer Theologie keine Rezeptoren bietet, an die man später wieder anknüpfen kann um konkrete Probleme der Praxis darauf zu beziehen. Ich versuche immer, zu sagen: Das ist der Rucksack, den ihr dabeihabt. Du weißt nicht, in welcher Situation du durstig oder hungrig wirst oder vielleicht ein Pflaster brauchst, aber du solltest es dabeihaben. Aber ich habe den Eindruck, der Gedanke, dass das, was die Theologie vermittelt, eine Bedeutung haben könnte, erschließt sich nicht mehr. Und das beschäftigt mich doch sehr und ich glaube, es geht vielen Kollegen und Kolleginnen ganz ähnlich.

CA: Ich möchte das verstärken durch die Beobachtung einer verständlichen Enttäuschung nicht nur von Pfarrern und Pfarrerinnen, sondern auch von Personen in der mittleren und höchsten Leitungsebene. Sie haben den Eindruck, die akademische Theologie biete ihnen nicht das, was sie benötigten – sie müssten das selbst produzieren. Und das, was da herauskommt und anschließend Theologie genannt wird, ist in den meisten Fällen noch nicht einmal Applied Christianity, sondern Art von höherem religiösem Bewusstsein, vielleicht sogar eine Art Dialekt oder Sound: Es hört sich an wie Theologie und deswegen wird es schon irgendwie stimmen und ausreichend sein als Begründung für notwendige kirchenleitende Entscheidungen. Ich will mich gar nicht darüber erheben, sondern verstehe das als Resultat der Erfahrung von kirchenleitenden Personen, auf welcher Ebene auch immer, dass die akademischen Theologen und Theologinnen ihnen nicht das bietet, was sie eigentlich brauchen. Wie sehen Sie das als jemand, der auf beiden Seiten gestanden hat, der als Kirchenmensch Theologe war und als Theologe immer auch Kirchenmensch?

WH: Vielfach hat, bei begrenzter Rezeptionszeit von den Studenten bis zu den Bischöfen, schon die Ausführlichkeit und Umständlichkeit der Darstellung etwas Abschreckendes. Vor allem aber ist mir aufgefallen, dass in der Kirche theologische oder kirchenleitende Initiativen am ehesten dann wahrgenommen werden, wenn sie in der allgemeinen Publizistik Resonanz finden. Wenn etwas in der FAZ oder im Tagesspiegel steht, was kirchlicherseits gesagt worden ist, dann nehmen auch kirchliche Mitarbeiter und andere Interessierte das wahr; wenn es kirchlicherseits veröffentlicht wird, ist das eher nicht der Fall. Ähnlich ist es mit der Theologie. Wenn Theologen versuchen, in einer Weise zu schreiben, in der sie auch Nichttheologen erreichen, erhöht sich bisweilen die Chance, dass auch Theologinnen und Theologen das rezipieren.

Das ist kein ganz neues Phänomen. Wenn man auf die erfolgreichsten theologischen Bücher des 20. Jahrhunderts schaut, befinden sich unter ihnen solche wie Adolf von Harnacks Vorlesungen über das *Wesen des Christentums*[95], die bewusst an ein nichttheologisches Publikum gerichtet waren und eine so hohe Auflage erreichten, dass Theologen gewärtig sein mussten, auf sie angesprochen zu werden. Ich habe deshalb versucht, eine Form von Theologie zu praktizieren, die zwar wissenschaftsbezogen ist, aber sich einer Darstellungsform bedient, die nicht zu viel Fachwissen und Fachsprache voraussetzt. Ich habe das nicht nur auf die Ethik, sondern auch auf dogmatische Fragen angewandt. Ich mache mir keine Illusionen; gelöst ist das Problem mit solchen Versuchen nicht, aber ich glaube, wir bräuchten mehr von dieser Art von Theologie.

Deshalb habe ich mich auch immer wieder dafür ausgesprochen, dass zur Rede von Öffentlicher Theologie als erster Grundsatz gelten sollte, dass es sich um verständliche Theologie handelt, die auf diese Weise überhaupt eine Öffentlichkeit zu adressieren imstande ist. Öffentliche Theologie besteht ja nicht darin, dass man Themen behandelt, von denen man selber bestimmt, dass sie von

---

[95] Adolf von Harnack: Das Wesen des Christentums. Sechzehn Vorlesungen vor Studierenden aller Fakultäten im Wintersemester 1899/1900 an der Universität Berlin gehalten. Leipzig 1900.

öffentlicher Relevanz sind. Sondern Öffentliche Theologie ist zunächst einmal dadurch bestimmt, dass wir Theologinnen und Theologen uns dazu verpflichtet fühlen, eine Sprache zu sprechen und zu schreiben, die eine breitere Öffentlichkeit zu erreichen vermag. Wenn das gelingt, wächst auch die Wahrscheinlichkeit, dass Theologinnen und Theologen das Gesagte oder Geschriebene zur Kenntnis nehmen. Das ist nicht erst neuerdings so. Wenn man überlegt, warum Dorothee Sölle bei Theologinnen und Theologen eine so große Resonanz hat, dann hängt das auch damit zusammen, dass ihre Sprache attraktiver ist als manche Professorensprache.

CA: Ihre Glaubenslehre und ihre Ethik, ist das Öffentliche Theologie?

WH: Jedenfalls sind beide von der Intention bestimmt, öffentlich rezipierbare Theologie zu sein.

RA: Wissenschaftsbasiert, aber nicht an die Wissenschaft gerichtet.

WH: Ja.

RA: Vielleicht hat auch der in den 1970er Jahren verbreitete Glaube, man könne durch Theorie die Gesellschaft steuern, dazu geführt, dass es über die inneruniversitäre Ausdifferenzierung hinaus zu diesen Entfremdungsprozessen gekommen ist. Denn es ist ja nicht nur im Blick auf die Theologie so, dass man inzwischen einsieht: Gesellschaftssteuerung muss theoriebasiert sein, sie kann aber nicht durch Theorie geschehen.

WH: Ich habe natürlich in meinen Seminaren, im Doktorandenseminar und anschließend im Berliner Theologischen Kolloquium Teilnehmende gehabt, die sehr stark darin waren, Theorien zu rezipieren und dabei immer wieder einen neuen, in aller Regel sozialtheoretischen *hero* zu entdecken, der einem das neueste Licht aufgesteckt hat. In dem Maß, in dem sie eigene Praxiserfahrungen sammelten, fanden sie zwar Theorien dieser Art nach wie vor interessant, betrachteten sie aber nicht mehr als Selbstzweck und folgten nicht länger der Vorstellung, mit ihnen allein die Gesellschaft verändern zu können. Solche Erfahrungen gehen mir auch deshalb durch den Kopf, weil das Ergebnis dieser Überlegung nicht in der Behauptung bestehen kann, der Umweg über die Theorie ließe sich sparen, indem man von Anfang an pragmatische Lösungen sucht. Das wäre das Missverständnis von Applied Christianity in einer bestimmten missverstandenen Anknüpfung an den amerikanischen Pragmatismus, die diesen Pragmatismus nicht mehr als anspruchsvolle Theorie versteht, wie Hans Joas das gezeigt hat[96], sondern als theoriefreie pragmatische Bearbeitung von Problemen. Solche Formen von ‚Pragmatismus' sind auch in der Kirche nicht fremd. Dabei kann man unterschiedliche Formen von Pragmatismus beobachten: den Juristenpragmatismus sowie den lebensweltlichen Pragmatismus von Leuten, die ihre Lösungsvorschläge ihrer jeweiligen beruflichen Lebenswelt entnehmen, aber schließlich auch den Pragmatismus der Theologen und Theologinnen in kirchenleitender Verantwortung, die ihr eigenes Gemeinde- und Kirchenbild in die Lösung von Zukunftsaufgaben projizieren. Die Konkurrenz dieser unterschiedlichen pragmatistischen Zugänge lässt sich nicht dadurch beenden, dass einem dieser Zugänge der Vorrang zuerkannt

[96] Hans Joas: Pragmatismus und Gesellschaftstheorie, Frankfurt am Main 1992. – Ders.: Die Kreativität des Handelns, Frankfurt am Main 1996. Joas (geb. 1948) ist ein Soziologe mit den Schwerpunkten Religionssoziologie und Sozialphilosophie.

wird; nötig sind vielmehr grundsätzliche Klärungen, in denen auch die empirischen Aspekte, die in diesen konkurrierenden Zugangsweisen enthalten sind, nachvollziehbar verortet werden.

2. Vom Lehrstuhl ins Bischofsamt

HMH: Das ist doch ein sehr Schleiermacherscher Theologieansatz, der hier durchscheint, wenn Theologie gedacht wird als Befähigung zu einer Art reflektierter Kirchenleitung. Es bietet sich an dieser Stelle vielleicht an, darüber zu sprechen, wie sich eine biographische Wegmarke einfügt in diese Überlegung, was Öffentliche Theologie sei und was das heißt für die Wahrnehmung eigener persönlicher Verantwortung. Anfang der 1990er Jahre, kurz bevor Sie ins Bischofsamt gewählt wurden, gab es auch Überlegungen, in den Bundestag zu gehen. Das Konzept Öffentlicher Theologie hat ja auch diese beiden Dimensionen berührt, nämlich entweder in der Institution Kirche tätig zu werden oder eben im politischen Kontext, und das kann auch bedeuten, als Theologe Politik zum Beruf zu machen, jedenfalls auf Zeit. Das war für Sie auch eine Option. Können Sie etwas zu den Entscheidungsprozessen sagen und ob ihr Theologieverständnis dabei auch eine Rolle gespielt hat? Oder spielten kontingente Faktoren dabei eine größere Rolle?

WH: Am Ende gab es einen starken kontingenten Faktor, aber der Ausgangspunkt war, dass ich die Aufforderung, für das Berliner Bischofsamt zu kandidieren, im ersten Anlauf abgelehnt hatte. Teils geschah das im Anschluss an vergleichbare Überlegungen, die mich schon vorher beschäftigt hatten. Aber in diesem Fall tat ich es mit der Begründung, ich befände mich gerade in einem Prozess, der möglicherweise auf eine Bundestagskandidatur zulaufe, und stände deshalb für eine Kandidatur für das Berlin-Brandenburgische Bischofsamt nicht zur Verfügung. In den folgenden Wochen und Monaten des Sommers 1993 hielt ich Reden vor überschaubaren Gruppen von Menschen in kleinen Orten und beschäftigte mich in politischen Zusammenkünften mit vielen neuen Themen; das gehörte zu der Vorbereitung auf die mögliche, durchaus umstrittene Kandidatenkür. Das fand ein Ende, als eines Tages in der Rhein-Neckar-Zeitung – der Heidelberger Lokalzeitung – auf der der ersten Seite zu lesen stand: „Bischofswahl in Berlin-Brandenburg gescheitert". Spontan fragte ich meine Frau: „Wenn sie mich jetzt noch einmal fragen, was mache ich denn dann?" Ihre Antwort war ebenso spontan: „Dann nimmst du das an." Zwei Stunden später wurde ich aufgefordert, nach Berlin zu kommen. Bei der ersten Absage war ich der Meinung, es sei wünschenswert, dass in Berlin-Brandenburg jemand aus der Ostregion zum Bischof oder zur Bischöfin gewählt werde. Jetzt, nach der gescheiterten Wahl, wurde mir entgegengehalten, diese Frage sei inzwischen zweitrangig. Durch diese Fügung kam eine Entscheidung zustande, die ich auch im Rückblick für mich als die richtige betrachte. Damals dachte ich das aus einem Grund, den ich mir so zurechtlegte: Natürlich wollte ich das, was mich in politischer Hinsicht in der vorausgehenden Zeit beschäftigt hatte, zu Schwerpunktthemen in einem politischen Mandat machen, also Frieden und Menschenrechte, um es sehr anspruchsvoll zu sagen. Ich hätte aber die Grundmotive, aus denen heraus diese Themen für mich so zentral geworden waren, im staatlichen Zusammenhang nicht so explizieren können, wie ich sie als Theologe und im kirchlichen Zusammenhang expliziere. Ich fand es deshalb eine gute Fügung, dass ich das im kirchenleitenden Amt auf der Basis von Öffentlicher Theologie machen konnte, wobei die Aufgaben sich weiteten, so dass es nicht bei meinen Lieblingsthemen allein blieb. Das hätte in der Politik vermutlich genauso gegolten wie in kirchenleitender Verantwortung. Ich war aber an die Möglichkeit eines politischen Mandats schon mit der Erwartung herangegangen, dass ich Dinge, die für mein Selbstverständnis wichtig waren und sind, auch in der Politik zur Geltung bringen wollte. Das mag man ein wenig idealistisch finden, aber ich glaube, ohne einen Schuss Idealismus soll man in der Kirche wie in der Politik gar nicht erst anfangen.

HMH: Von Gerhard Schröder ist die Aussage überliefert, dass er sich nicht so sicher wäre, ob Wolfgang Huber die Fraktionsdisziplin geschmeckt hätte. Um auch den Menschen Wolfgang Huber ein wenig kennenzulernen: Sind Sie da optimistischer? Schröder sagte, Wolfgang Huber wäre wahrscheinlich ein guter Außenminister oder Staatsminister im Auswärtigen Amt geworden, und tatsächlich hat man auch in ihrer Zeit als Ratsvorsitzender gesehen, dass Sie sehr virtuos so einen Verwaltungsapparat bespielen können, lenken können, führen können, nutzen können. Aber es gibt doch auch etwas sehr Herbes, Fremdbestimmtes in diesem politischen Geschäft, wenn man es vergleicht mit dem Bischofsamt. Hat also Schröder Recht, dass der Professor, der Freiheitsliebende, der Intellektuelle sich besser in eine kirchliche Disziplin als in eine Fraktionsdisziplin fügt?

WH: Natürlich hätte ich bei Themen, die mir wichtig sind und bei denen es in eine Richtung ging, die nicht die meine gewesen wäre, versucht gegenzusteuern. Aber dass in der parlamentarischen Demokratie eine solche Debatte innerhalb der Fraktion stattfinden muss und nur in Fragen, bei denen man wirklich plausibel machen kann, dass es sich um Gewissensfragen handelt, man die von der Fraktion abweichende Meinung auch ins Plenum tragen kann, das war mir von vornherein klar. Man kann es auch von einer anderen Seite her beschreiben: Interessanterweise kam es in der Zeit, die ich als Bischof und danach erlebt habe – bisweilen auf der Besuchertribüne des Deutschen Bundestags –, zu einer Erweiterung der parlamentarischen Gepflogenheiten. In dieser Zeit kam es in bioethischen Fragen nicht nur zu Debatten ohne Fraktionszwang, sondern auch zu Entscheidungsprozessen ohne Fraktionszwang. Ich finde deshalb die Entwicklung, die das Thema des Fraktionszwangs in dieser Zeit in Deutschland genommen hat, bemerkenswert und schätze mich so ein, dass ich mich lieber an einer derartigen Entwicklung beteiligt hätte, als dass ich mich in eine Trutzburg zurückgezogen und gesagt hätte: Auch wenn ich in der Fraktion völlig allein bin, werde ich dagegen stimmen. Das ist doch, wie jeder weiß, irgendwie hirnrissig und manchmal sogar wichtigtuerisch. Wenn man mit seinen Argumenten nicht durchgekommen ist, ist man eben nicht durchgekommen. Es muss schon sehr existentiell sein, wenn man sagt: Ich respektiere, dass dies die Mehrheit ist, aber ich halte mich heraus.

CA: Vielleicht noch einmal zurück zu der Weichenstellung Bundestag oder Bischofsamt. Sie haben ja vorhin einmal sehr dezidiert gesagt: Politische Stellungnahmen von

Ihnen haben immer zwei Aspekte gehabt, einmal als politische Stellungnahme um der politischen Veränderung willen, dann aber auch als eine Selbstvergewisserung der Kirche, an der richtigen Stelle zu stehen bzw. die richtige Position zu haben. Dieser Aspekt der kirchlichen Selbstvergewisserung wäre ja bei einer politischen Aktivität im Rahmen der SPD-Fraktion ausgefallen – oder hätten Sie sich da als Mandatar der Kirche verstanden bzw. als Mandatar der Theologie?

WH: Nein, ich hätte nicht den Anspruch erhoben, für mein öffentliches Wirken als Mitglied des Parlaments eine andere Legitimation zu haben als andere auch. Ich hätte die Begründung und die Eindeutigkeit, mit der ich bestimmte Dinge vertrete, unterschieden davon, dass beim Wirken im Parlament keine andere als die parlamentarische Autorität für das Ergebnis in Anspruch genommen werden kann. Wenn man meint, man könne eine höhere Glaubwürdigkeit für sich in Anspruch nehmen als andere, zehrt dies in Wahrheit an der Glaubwürdigkeit.

CA: Das heißt: Genau so leidenschaftlich, wie Sie dann später im Namen der Kirche, im Namen des Christentums gesprochen haben, hätten Sie darauf im politischen Amt entschlossen und selbstbewusst verzichtet.

WH: Ich hätte persönlich in bestimmten Situationen gesagt, was das Motiv, gegebenenfalls das Glaubensmotiv ist, aus dem heraus ich in ethisch aufgeladenen Themen argumentiere, aber nicht in einer Weise, in der ich dem im parlamentarischen Prozess eine höhere Dignität gegeben hätte als anderen Argumenten.

HMH: Oft wird ja beklagt, die Trennung von Staat und Kirche sei hinkend und nicht richtig vollzogen. Die Pfarrerinnen und Pfarrer, die seit den 1900er Jahren in den Bundestag eingezogen sind, haben diese Rollendifferenz zwischen dem ordinierten Amt und dem Amt des Mandatsträgers, als Volksvertreter, meines Erachtens sehr genau beachtet. Das zeugt davon, dass wir da doch ein hohes Differenzbewusstsein haben, das vielleicht auch von vornherein theologisch durchreflektiert ist. Es ist ja Bestandteil Öffentlicher Theologie, auch zu wissen, dass sie in einer pluralen Situation betrieben wird, in der demokratische Regeln gelten. Demokratische Entscheidungen kann man theologisch bewerten, sie müssen aber zugleich immer auch säkular begründbar sein. Es ist eigentlich bemerkenswert, dass dieses Bewusstsein der Rollendifferenz von allen Pfarrern und Pfarrerin in der Politik durchgehalten wird. Gerade nach der Wende sind ja doch relativ viele, etwa aus dem ostdeutschen Kontext, für eine Zeit in die Politik gegangen. Und mir ist keine Situation erinnerlich, wo mal jemand als Theologe gesagt hätte: „Hier stehe *ich* und deshalb können *wir* nicht anders."

CA: Es ist interessant, wie jemand das für sich selbst hinbekommt, wenn er niemals Pfarrer in zweiter Reihe war und auch nicht nur in zweiter Reihe in der Politik weitergearbeitet hätte, sondern wenn er, wie Wolfgang Huber, sich lange an vorderster Front im Namen des Christentums politisch zu Wort gemeldet hat und sich dann eben auch vorstellen kann, Politik zu betreiben, ohne diese Dimension der christlichen Grundierung, der kirchlichen Anbindung öffentlich kenntlich zu machen.

WH: Für mich war es bedeutsam, dass ich vom Universitätsamt aus ins politische Amt gegangen wäre. Da wäre in Heidelberg und Baden-Württemberg die Konsequenz gewesen, dass ich beurlaubt worden wäre, was die Möglichkeit einschloss, wieder zurückzukommen. Als ich dann ‚stattdessen' zum Bischof gewählt wurde, bot die Universität mir mit Selbstverständlichkeit an, in diesem Fall genauso vorzugehen: Im Blick auf meine Wahlperiode von zehn Jahren sagte der damalige Rektor Peter Ulmer[97] zu mir: „Wir beurlauben Sie für zehn Jahre; wenn Sie dann zurückkommen wollen, freuen wir uns und Sie können noch einige Jahre lehren." Das fand ich übrigens theologisch einen interessanten Vorschlag, mit zehn Jahren Erfahrung kirchenleitender Art dann noch einmal für eine Reihe von Jahren in die theologische Ausbildung zu gehen, und zwar anders, als ich das jetzt mache, als Honorarprofessor mit dann und wann einmal einer Lehrveranstaltung. Doch der damalige baden-württembergische Wissenschaftsminister Klaus von Trotha lehnte den Vorschlag mit der Begründung ab, er sei mit der Trennung von Staat und Kirche nicht vereinbar. Ich hielt das für nicht nachvollziehbar, insistierte jedoch nicht. Aber es war interessant, dass die Möglichkeit einer Rückkehr gedanklich schon durchgespielt worden war, und sich in der Universität auch dadurch eine positive Haltung zu meinem Wechsel ins Bischofsamt entwickelt hatte. Peter Ulmer verabschiedete mich mit allen guten Wünschen und fand, es sei zwar bedauerlich für die Universität, aber in der damaligen Situation und mit der Aufgabe, Ost und West zu integrieren, richtig. Ich bin sozusagen mit dem Segen der Universität Bischof geworden. Da ich nach zehn Jahren für eine weitere Amtszeit als Bischof gewählt wur-

[97] Peter Ulmer (geb. 1933) war von 1975 bis 2001 Professor für Bürgerliches Recht an der Universität Heidelberg und von 1991 bis 1997 deren Rektor.

de, erwies sich die Überlegung einer Beurlaubung für zehn Jahre ohnehin als gegenstandslos.

3. Öffentliche Theologie

RA: Ich würde gern einen anderen Punkt mit Ihnen noch diskutieren. Horst Gorski[98] hat jüngst einen Rückblick auf die jetzt vergangene Arbeitsperiode des Rats der EKD vorgelegt. Darin kommt ein bemerkenswerter Satz vor, den ich auch als Aufgabe für die Theologie begreifen würde: „Gegenüber den früheren Zeiten der Republik, als weite Teile der Gesellschaft durch Konsense befriedet werden konnten, sind die Kirchen heute herausgefordert, Debattenräume zu schaffen, Debattenkulturen zu gestalten, Konflikte auszuhalten und zu moderieren und die Kernbotschaft von der universalen Liebe Gottes zu allen seinen Geschöpfen in die Debatten einzubringen."[99] Diese Quintessenz zieht sich, wie Gorski überzeugend darstellt, durch sehr viele Texte, Arbeitsgruppen der vergangenen sechs Jahre hindurch. Wenn das eine Herausforderung an die Kirchen darstellt, dann ergibt sich mit großem Nachdruck ja die Anschlussfrage, welche Aufgabe die Theologie dabei hat? Wir hatten eben diesen Punkt schon einmal etwas angesprochen: Debattenräume eröffnen, unterschiedliche Beschreibungen schaffen, möglicherweise auch den verschiedenen Positionierungen eine Sprache geben. Wären das Aufgabenbeschreibungen und wie müsste so

[98] Horst Gorski (geb. 1957) ist Vizepräsident des Kirchenamtes der EKD und Leiter des Amtes der VELKD.

[99] Horst Gorski: Roter Faden Demokratie. Über die jüngsten Schriften der EKD zu Politik und Gesellschaft, in: Zeitzeichen 11/2021, S. 12–14, 14.

etwas aussehen? Wie würden Sie das aus ihrer langen Erfahrung beschreiben?

WH: Meine Erfahrung ist, dass sich diese Debattenräume am ehesten dann ergeben, wenn ein konkreter Anlass dafür besteht. Ich glaube, es ist schwer und dient überwiegend einer internen Verständigung, wenn man Texte erarbeitet von der Art, wie sie auch in der Kammer für Öffentliche Verantwortung unter Ihrem Vorsitz[100] entstanden sind. Ich meine Texte, in denen erklärt wird, warum die Kirche nicht nur nach außen, sondern auch im Inneren Pluralität zur Kenntnis nehmen und auf diese Pluralität in einer Weise reagieren muss, in der sie nicht einfach eine Position mit Vorrang ausstattet, sondern Räume schafft, in denen diese unterschiedlichen Positionen sich austauschen können. Das bewegt sich auf einer Metaebene der Verständigung. Auf dieser Metaebene ist die Beschreibung korrekt; deshalb war es auch vollkommen nachvollziehbar, dass Sie diese Texte erarbeitet und veröffentlicht haben.

Doch meinerseits hoffe ich auf einen nächsten Schritt, der diese Situation nicht nur beschreibt, sondern das Beschriebene vollzieht und dabei ausdrücklich unterscheidet, bei welchen Punkten man sich bei gutem Willen ver-

---

[100] Reiner Anselm war von 2016 bis 2021 Vorsitzender der Kammer für Öffentliche Verantwortung. Unter seinem Kammervorsitz entstand u.a. das Impulspapier: Konsens und Konflikt: Politik braucht Auseinandersetzung. Zehn Impulse der Kammer für Öffentliche Verantwortung der EKD zu aktuellen Herausforderungen der Demokratie in Deutschland, o.O. [Hannover] 2017, sowie der Grundlagentext: Vielfalt und Gemeinsinn. Der Beitrag der evangelischen Kirche zu Freiheit und gesellschaftlichem Zusammenhalt. Ein Grundlagentext der Kammer für Öffentliche Verantwortung der EKD, hg. von der Evangelischen Kirche in Deutschland (EKD), Leipzig 2021.

ständigen kann, wenn man die Sache weit genug treibt, um Pluralität nicht zum Selbstzweck werden zu lassen, und wo der Punkt ist, bei dem man sagen muss: We agree to disagree. Wünschenswerterweise würde dann hinzugefügt: Wir bemühen uns darum, jeweils die guten Argumente des anderen wahrzunehmen und im Gespräch präsent zu halten. Denn die Situation kann sich so verändern, dass die herkömmlichen Differenzen ihren Sinn verlieren.

Ich nehme der Aktualität halber das Afghanistan-Beispiel[101]: Die Frage, ob es richtig war, dorthin zu gehen, ist heute nicht mehr das entscheidende Thema. Wenn wir die jetzige Situation mit dem argumentativen Waffenarsenal von damals behandeln, vertun wir gerade die Aufgabe, die jetzt ansteht, nämlich auf eine vollkommen veränderte, aber mindestens ebenso kritische Situation zu reagieren. Man muss also meiner Meinung nach darauf achten, dass wir die Pluralitätskultur, die wir in der evangelischen Kirche haben und immer wieder erneuern müssen – weil sie immer wieder in der Gefahr steht, entweder eingeebnet zu werden oder leer zu laufen –, hochhalten, aber nicht zum Selbstzweck machen.

RA: Das sehe ich genauso, ich frage mich aber: Welche Ressourcen stehen uns da zur Verfügung? Was haben wir da als (Systematische) Theologie eigentlich anzubieten?

---

[101] Die Beteiligung der Bundeswehr am Krieg in Afghanistan von 2001 bis 2021 war innerhalb der evangelischen Kirche stets umstritten. Beispielhaft dafür ist eine Stellungnahme der Kammer für öffentliche Verantwortung der EKD, die durch das Nebeneinander zweier konträrer Positionen geprägt ist: „Selig sind die Friedfertigen". Der Einsatz in Afghanistan: Aufgaben evangelischer Friedensethik. Eine Stellungnahme der Kammer für Öffentliche Verantwortung der EKD, hg. vom Kirchenamt der Evangelischen Kirche in Deutschland (EKD), Hannover 2013.

Faktisch ist es ja so, dass zum Beispiel der Rekurs auf die Schrift in fast allen diesen Debatten als kommunikative Schließung verwendet wird. Da kann man höchstens noch einwenden, dies oder jenes sei exegetisch umstritten, das ist ja systematisch immer irgendwie richtig, aber man kommt an der Stelle nicht wirklich weiter. Das eröffnet keine Debattenräume mehr, denn ein Streit um die richtige Schriftauslegung ist nicht das, was da notwendig ist. Ich habe auch den Eindruck, dass uns da die Muster, die Sprache, auch die Tradition fehlen, um tatsächlich so agieren, dass das dann Pluralität, faktisch politische Pluralität, abbildet. Wir haben zwar unterschiedliche politische Einschätzungen, aber es ist vielleicht keine genuine Aufgabe der Theologie, so etwas zu reproduzieren, oder würden Sie sagen, die Theologie müsste diese unterschiedlichen Positionen in den Raum der Kirche übersetzen?

WH: Was in diesem Zusammenhang bedeuten würde, unterschiedliche Positionen in den Raum der Kirche zu übersetzen, ist mir noch nicht klar. Dafür, worin die ‚Übersetzung' bestehen würde, müsste eine hermeneutische Zwischenüberlegung angestellt werden, die sich auf die Frage bezieht, auf welcher Ebene denn die biblische Botschaft relevant ist für die Abwägung zwischen unterschiedlichen Optionen. Christine Schliesser hat in ihrem Buch über die Bioethikdebatten[102] einen für mich in gewisser Weise ärgerlichen Punkt gezeigt, nämlich dass einzelne Nichttheologen im Deutschen Ethikrat den Vorwurf erhoben haben, wir hätten als Theologen nie theologisch argumentiert. Offenbar hatten sie erwartet,

[102] Christine Schliesser: Theologie im öffentlichen Ethikdiskurs. Studien zur Rolle der Theologie in den nationalen Ethikgremien Deutschlands und der Schweiz, Leipzig 2019.

wir würden mit biblischen ‚Rezepten' auf aktuelle bioethische Fragen reagieren. Der Vorwurf entstand, weil wir nie gesagt haben – das kann man vielleicht kritisieren –, aber auch nie gefragt wurden, was wir denn methodisch machen, wenn wir in diesen Zusammenhängen theologisch-ethisch argumentieren. Es wäre explizit zu machen, dass nicht ein biblischer Einzelbefund und die Frage, wie dieser exegetisch behandelt wird, den Ausgangspunkt für die Behandlung einer Gegenwartsfrage bilden.

Nehmen wir das Beispiel der Homosexualität. Nachdem ich sehr kurz vor der Vorstellung als Bischofskandidat in einer Kreissynode in Baden einen Vortrag mit anschließender Diskussion gehalten hatte, in dem es auch um die Frage der Homosexualität ging, wurde ich in Baden mit Briefen überfallen, die mich in ziemlich wüster Form der Häresie verdächtigten. Allen Briefschreibern schickte ich die gleiche Antwort, die kurz gesagt so hieß: „Ich habe zur Kenntnis genommen, dass Sie meine Haltung sehr kritisch sehen. ich möchte Ihre Kritik mit drei Gegenfragen beantworten. 1. Sind Sie ganz sicher, dass die biblischen Schriftsteller unter Homosexualität dasselbe verstanden haben wie wir heute oder denken Sie vielleicht, dass die biblischen Schriftsteller der Meinung waren, dass Menschen die sexuelle Orientierung einfach wechseln können? 2. Wenn Sie der Meinung sind, dass die biblische Aussage tatsächlich das trifft, was wir heute unter Homosexualität verstehen, sind Sie dann auch der Meinung, dass diese auch heute mit der Todesstrafe belegt werden soll? Und 3.: Würden Sie diese Haltung auch dann aufrechterhalten, wenn Ihr Sohn oder Ihre Tochter zu Ihnen käme und sagen würde, er oder sie sei homosexuell orientiert?" Ich habe auf all diese Briefe keine einzige Antwort bekommen. Sicher geschah das aus unterschiedlichen Gründen. Aber ich vermute, manche sahen ein, dass es einfach die falsche Ebene ist, wenn ich auf die Frage, „Wie gehen wir mit Homosexualität um?" antworte: „Jetzt schauen wir in den biblischen Texten[103] nach und übertragen deren Weisung auf unsere Gegenwart". Denn dann laufen wir genau in die hermeneutischen Fallen, die ich mit den drei Fragen zu verdeutlichen versuchte. Stattdessen müssen wir nach dem Richtungssinn des Evangeliums fragen, um einen alten Begriff zu verwenden, und dies theologisch noch elementarer vollziehen, als wir das früher getan haben. Denn um das Glaubenswissen steht es nicht gut. Schon das Dreifachgebot der Liebe, wie ich es nenne, als den Bezugspunkt zu verstehen, auf den hin wir solche Fragen erörtern, ist alles andere als selbstverständlich. Es handelt sich dabei um einen ganz anderen Vorgang als denjenigen, der davon ausgeht, das Problem sei gelöst, wenn wir das Familienbild der Heiligen Schrift auf die Gegenwart anwenden. Für das Vorgehen in der ethischen Diskussion bedeutet das, was ich sage, überhaupt nichts Neues. Aber in der öffentlichen Debatte begegnen wir noch immer einer Meinung, die wir in der ethischen Theorie schon längst nicht mehr vertreten, nämlich: Wenn ein Thema aufkommt, sucht man in der Bibel, wo und wie es dort vorkommt.

RA: Man muss wahrscheinlich, rückblickend auf das, was wir vorhin diskutiert haben, unterstreichen, dass das den Hiat zwischen den historischen Disziplinen und der Ethik oder den gegenwartsorientierten Disziplinen noch einmal verstärkt. Denn diese Form des hermeneutisch orientierten Umgangs mit den Schriften spielt mittlerwei-

[103] Die in Frage kommenden Stellen sind Leviticus 18,22; 20,13; Römer 1,26f.; 1. Timotheus 1,10.

le nur noch bei ganz wenigen Exegeten eine Rolle. Wenn man sich die neueren Entwürfe zu Theologien des Alten und Neuen Testaments anschaut, dann zeigen die genau diese Kluft und ich würde sagen, solche hermeneutisch orientierten Beiträge sind deutlich in der Minderheit.

CA: Das ist nicht zuletzt ein weiterer Beleg für die Diagnose, die wir am Anfang dieser Gesprächsrunde schon einmal diskutiert haben, das Auseinanderdriften zwischen dem, was die Theologie liefert und dem, was an Außenerwartungen herrscht – und zwar der kirchlichen Erwartungen ebenso sehr wie der Erwartungen einer nichtkirchlichen, gesellschaftlichen oder auch politischen Öffentlichkeit. Deren Wunsch, die Theologen sollten in die ethischen Debatten biblische Argumente einbringen, kann man als unsachgemäße Stereotype abtun. Man kann diese Erwartung aber auch ernst nehmen als Erwartung an eine Öffentliche Theologie: Die Theologie soll in ethischen Debatten das sagen, von dem ich erwarte, dass sie es sagt. Ich will mir das gar nicht zu eigen machen, ich will mich gar nicht danach richten, aber zu meinem Weltbild gehört, dass die Theologen ‚Einspruch im Namen Jesu' erheben, dann ist die Welt in Ordnung.

WH: Ich möchte gerne dafür werben, auch in diesem Gespräch, Öffentliche Theologie nicht nur mit einem Fokus auf ethische Fragen zu betrachten. Andere Aspekte sind mindestens so spannend wie die ethischen. Als ich 2017 zur Eröffnungsveranstaltung des *Berlin Institute for Public Theology* fuhr, stieg ich am S-Bahnhof Friedrichstraße aus und sah dort ein überdimensional großes Plakat mit einem Bild der Nikolaikirche in Jüterbog, vor welcher der gegenwärtige Gemeindepfarrer zu sehen war. Darunter stand in großen Buchstaben: „Der Ort, an dem das

Fegefeuer zum Flächenbrand wurde“[104]. Von dort ging ich zur Eröffnungsveranstaltung, legte mein Manuskript zur Seite und versuchte, an diesem Beispiel zu erläutern, was für spannende Fragen Öffentlicher Theologie buchstäblich auf der Straße liegen oder überlebensgroß im S-Bahnhof hängen. Da begegnet im öffentlichen Raum der Satz: „Der Ort, an dem das Fegefeuer zum Flächenbrand wurde“. Ich wartete gespannt darauf, ob im Jubiläumsjahr der Reformation diese öffentlich gestellte Frage als wichtiges Beispiel öffentlicher Theologie anerkannt wurde. Als weiteres Beispiel nannte ich das Buch *Homo Deus* des israelischen Historikers Yuval Noah Harari[105] und verband damit die Frage, ob es eine Aufgabe Öffentlicher Theologie sei, auf die Provokation zu antworten, dass ein Bestseller seine Reise rund um die Welt macht, der *Homo Deus* heißt und bei aller Vielfalt der in diesem Buch enthaltenen Aspekte nicht einmal signalisiert, dass der Titel eine Umkehrung von Anselms *Cur Deus Homo* ist – einem der grandiosesten Titel und zugleich einer der am stärksten diskutierten Texte der gesamten Geschichte christlicher Theologie. Doch solche thematischen Vorschläge finden innerhalb der Öffentlichen Theologie gegenwärtig kaum Resonanz. Öffentliche Theologie heißt im Allgemeinen, Anwendungsfragen zu traktieren, für die Glaubensimpulse ‚übersetzt‘ werden. Wir leben jedoch in einer Welt –

[104] In der brandenburgischen Stadt Jüterbog verkaufte der Dominikanermönch Johann Tetzel im frühen 16. Jahrhundert Ablassbriefe, die den Sündern Strafen wie das Fegefeuer ersparen sollten. Das genannte Plakat warb für eine Ausstellung im Zusammenhang des Reformationsjubiläums 1517, die unter dem Titel „Tetzel, Ablass, Fegefeuer“ im Mönchenkloster und in der Nikolaikirche in Jüterbog gezeigt wurde.

[105] Yuval Noah Harari: Homo Deus. Eine Geschichte von Morgen, München 2017.

um die religiöse Pluralität auch einmal von dieser Seite her zu betrachten –, in der Grundfragen von Religion Themen des öffentlichen Lebens sind. Mit einem ethisch verengten Begriff von Öffentlicher Theologie – mit Sea-Watch als Symbol dafür, was wir gegenwärtig darunter verstehen[106] – erliegen wir, bei allem Respekt für Engagements dieser Art, einer Engführung, der man auch als Ethiker nicht einfach folgen kann. Wir müssen uns vielmehr darum bemühen, in der evangelischen Theologie wieder eine öffentliche Sprachfähigkeit für die religiösen Grundfragen zu entwickeln, die öffentlich sogar in plakativster Form präsent sind. Wir sollten solchen Fragen nicht länger ausweichen.

HMH: Und wenn man das nicht tut, läuft man kirchlicherseits Gefahr, nur noch ‚Rauschen' im Sinne Luhmanns zu erzeugen. Die Kirche sagt beispielsweise auch etwas über soziale Selektivität bei der Mediennutzung oder über die Gefahren des digitalen Wandels, aber das ist dann gar nicht mehr anschlussfähig. Es ist nur noch eine Verlautbarung, eine Tagesmeldung, die versickert, während die theologischen Grundfragen – unterstellt, es bleiben wesentliche Menschheitsfragen – unbearbeitet bleiben. Wenn man nur noch mit dem Tagesgeschehen beschäftigt ist, dann banalisiert man natürlich auch das, was die Theologie zu den großen Menschheitsfragen beitragen kann, auf eine eklatante Weise.

RA: Ich glaube, man sollte die Frage auch gar nicht stellen, ob es ein anthropologisches Grundbedürfnis ist, sondern ich würde eher beschreibend konstatieren, dass diese

[106] Gemeint ist die gemeinnützige Initiative Sea-Watch e.V., die die zivile Seenotrettung von Flüchtenden an den Grenzen Europas betreibt und unter anderem von der EKD unterstützt wird.

Themen einfach da sind. Aber gerade deswegen muss natürlich in der Tat auch zum Ausdruck gebracht werden können, was die Theologie konkret beizutragen hat zu den entsprechenden Fragen. Das ist eine wirkliche und schwierige Aufgabe, die wahrscheinlich weder in der konfessorischen Enge von Ihnen intendiert wäre, noch in einem Modus der gesetzlichen Verkürzung oder der kritischen Abgrenzung. Wo könnten ihrer Meinung nach Ansatzpunkte für eine solche Fassung der Öffentlichen Theologie sein, was hätte sie zum Ausdruck zu bringen?

Ich mache es noch ein bisschen konkreter: In dem Zitat von Horst Gorski war auch der Liebesgedanke sehr deutlich, aber ich bin mir nicht sicher, ob das nicht zu wenig ist. Denn natürlich kommt der Liebesgedanke im Christentum vor, aber es ist ja nur ein Teil der religiösen Praxis. Weitergehende Fragen, die eine so verstandene Theologie zu bearbeiten hätten, wäre dann das Verhältnis von Endlichkeit und Ewigkeit. Eine menschliche und eine religiöse Grundfrage, vielleicht keine konstitutiv anthropologische, aber doch eine religiöse. Alle religiösen Kulte, die wir kennen, arbeiten sich an dieser Frage ab, hier aber reicht der Liebesgedanke sicher nicht aus. Da müsste man andere Sprachelemente bemühen.

WH: Die Chance der Anknüpfung an solche konkreten Ereignisse und Diskurse besteht meines Erachtens darin, dass man für den Umgang mit derartigen Situationen nicht eine Systematische Theologie in Kurzform zu schreiben hat. Es kann in der Reaktion nicht darum gehen, alles auf einmal zu behandeln. Man hat zwar hoffentlich irgendeinen Gesamtzusammenhang im Blick, wendet ihn aber auf einen überschaubaren Diskurs an. Das ist die Chance von Öffentlicher Theologie: ihr konkreter Bezug auf etwas, was sich in der Gesellschaft vollzieht, was sich öffentlich darstellt. Deswegen die Beispiele, die ich vorhin verwendet habe.

Mit ‚Endlichkeit und Ewigkeit' kommt man auf eine andere Grundsatzdebatte, für die man als Anstoß zu Öffentlicher Theologie einen bestimmten Ausgangspunkt wählen müsste. Beispielsweise führt diese Debatte auf die Achsenzeit-Diskussion zurück, also auf die Frage, ob wir gegenwärtig öffentliche Versuche erleben, den großen Fortschritt der Achsenzeit, nämlich die Differenzierung zwischen Immanenz und Transzendenz, zwischen Endlichkeit und Ewigkeit aufzuheben.[107] Ebenso könnte es spannend sein, Phänomene wie die Debatte über die Singularität im Kurzweilschen Sinn[108], also einer technologisch ermöglichten Unsterblichkeit des Menschen, einmal so zu behandeln, dass man fragt: Ist es tatsächlich der Ernst derjenigen, die das Eintreten einer technologischen Singularität voraussagen, dass wir damit das Ende der achsenzeitlichen Differenzierung einläuten? Oder gibt es gute Gründe dafür, genau das nicht zu tun, sondern die eklatanten Schwächen und Leichtfertigkeiten der Behauptung von einer technologisch herbeigeführten Singularität deutlich zu machen? Das führt zurück zu interessanten Überlegungen philosophischer Art, wie sie bereits von Hans Jonas und Hannah Arendt angestellt wurden. Sie

[107] Zu dieser von Karl Jaspers angestoßenen Debatte über die Entdeckung der Differenz zwischen Transzendenz und Immanenz im ersten vorchristlichen Jahrtausend vgl. exemplarisch Hans Joas: Was ist die Achsenzeit? Eine wissenschaftliche Debatte als Diskurs über Transzendenz, Basel 2014. – Jan Assmann: Achsenzeit. Eine Archäologie der Moderne, München 2018.

[108] Vgl. z. B. Ray Kurzweil: The Singularity Is Near. When Humans Transcend Biology, New York 2005. – Ders.: Menschheit 2.0. Die Singularität naht, Berlin 2013.

sahen Debatten über eine durch Technik herbeigeführte menschliche Unsterblichkeit bereits voraus und deckten deren innere Widersprüchlichkeit auf. Sie fragten: Was passiert, wenn Menschen nicht mehr sterben? Was bedeutet das für eine nächste Generation, wird es diese nächste Generation überhaupt geben? Und was bedeutet es für Menschen, die das Heranwachsen einer nächsten Generation nicht mehr erleben, weil sie diese durch ihre eigene Unsterblichkeit vereiteln? Elementare Fragen dieser Art haben Hannah Arendt und Hans Jonas gestellt; bei heutigen Transhumanisten tauchen derartige Einwände nach meiner Kenntnis nicht auf. Es handelt sich um einen blinden Fleck in der transhumanistischen Diskussion; ich finde das in gewisser Weise theologisch noch herausfordernder als die in meinen Augen ebenfalls wichtige Erörterung von Chancen und Gefahren der Digitalisierung. Die weltanschaulichen Konnotationen, mit denen derartige Debatten verbunden sind, gehören ebenso zur Aufgabe Öffentlicher Theologie im Zusammenhang mit der Digitalisierung wie die unmittelbar lebenspraktischen Fragen. Deshalb bin ich zuversichtlich, dass interessierter und hoffentlich auch interessanter Theologie die Themen nicht ausgehen.

RA: Das wird nur gelingen, wenn es gelingt, das, was Sie jetzt stark gemacht haben und an Beispielen haben konkret werden lassen, in die akademische Praxis zurückzuspielen. Es hieße, deutlich zu machen, dass Öffentliche Theologie nicht die Proklamation einer konkreten politischen Option ist, sondern der Versuch, den Reichtum der Theologie auf aktuelle Herausforderungen und Fragestellungen zu beziehen. Ihre Aufgabe wäre es dann auch – das finde ich an der Transhumanismusdebatte sehr interessant – die Dauerhaftigkeit, die ewige Wiederkehr von bestimmten Motiven, mit denen sich die Theologie schon lange beschäftigt, zu identifizieren, um das auch wieder spannend werden zu lassen. Mein Eindruck ist, dass das im Augenblick nur sehr eingeschränkt deutlich wird und möglicherweise diese genannte Abständigkeit des Theologiestudiums als sechs verlorene Jahre genau darin besteht, dass das weder eingeübt noch deutlich wird.

WH: Vielleicht ergeben sich in der Theologie aber auch neue Möglichkeiten und praktische Herausforderungen. In Berlin hat sich das Theologiestudium nach meinem Eindruck unter anderem durch den Studiengang ‚Religion and Culture' erheblich verändert. Jetzt haben wir in Seminaren und Übungen Pfarramtsstudierende, Lehramtsstudierende und ‚Religion and Culture'-Studierende zusammen. Damit erhöht sich die kulturelle und religiöse Diversität innerhalb einer evangelisch-theologischen Fakultät. Das würde sich natürlich noch einmal verstärken, wenn wir eine Fakultät der Theologien bekämen. Das ist mir an einem Einzelbeispiel besonders deutlich in den Sinn gekommen. Wir behandelten in einer Veranstaltung Texte von Harari[109]; in einer anschließenden mündlichen Prüfung über dieses Thema sagte ich in einer Reaktion auf Aussagen der Studentin, nach meinem Eindruck sei sie von der machtförmigen Gottesvorstellung, mit der Harari arbeitet, fasziniert. Sie bestätigte das; denn genau eine solche Gottesvorstellung hatte sie in ihrem Herkunftsland, dem Iran, erlebt. Diese Erfahrungen wurden für sie bei der Lektüre von Harari aufs Neue lebendig. In einer derart pluralen Situation, wie wir sie gegenwärtig innerhalb des Theologiestudiums erleben, kann sich die Verarbei-

[109] S.o. Anm. 105.

tung derartiger religiöser Erfahrungen mit der Einsicht verbinden, dass ein solches machtförmiges Gottesbild nicht alternativlos ist. Solche wichtigen Klärungsprozesse können bei der Zunahme von interreligiösen Diskursen innerhalb des Theologiestudiums eine wachsende Rolle spielen und die Theologie, schlicht gesagt, spannender machen.

RA: Wir nehmen Studienort-Wechsler wahr, die an dem Studium in Berlin gerade das positiv bewerten, dass nur sehr wenige Studierende das Berufsziel Pfarramt haben. Das bringt ihrer Meinung nach eine bestimmte Offenheit des Denkens und des Studierens mit sich. In München haben wir zwar keine Universität der Theologien, aber doch eine Universität der Konfessionen, weil wir ja alle drei großen Konfessionen bei uns in der Universität und sogar in einem Haus haben. Hier machen wir aber die Beobachtung: Unsere Studierenden nehmen diese Kontaktmöglichkeiten kaum wahr, wahrscheinlich, weil sie zur übergroßen Mehrheit auf konkrete kirchliche Berufsfelder zugehen. Es scheint sich kaum herumzusprechen, dass eine Pfarrerin und ein Pfarrer im konfessionell-gemischten Kontext gut daran tun, die römische Lehre auch zur Kenntnis genommen zu haben. Dass evangelische Theologiestudierende eine katholische Veranstaltung besuchen, ist die eher die Ausnahme und umgekehrt auch. Hier müsste man genauer überlegen, wo die Gründe für dieses Phänomen zu suchen sind.

4. Bioethik

RA: Sie hatten gerade schon die Bioethik und ihre Rolle im Deutschen Ethikrat angesprochen. Lassen Sie uns das noch vertiefen. Ich finde, einer der spannendsten strategischen Analysen von Hermann Barth[110] bestand darin, Ende der 1970er Jahre darauf hinzuweisen, dass die Konzentration auf den Lebensbegriff möglicherweise dazu dienen könnte, diejenigen, die sich jetzt über die Hinwendung zu der dann neu gegründeten Partei ‚Die Grünen' von der Kirche abgewandt haben, wieder zusammenzubringen mit den Ideen der Kirche. Dass also der Lebensbegriff als ethischer Fokus etwas sein könnte, was den Entkirchlichungstendenzen entgegenwirkt. Daraus entsteht dann ja in den 1980er Jahren eine verstärkte Hinwendung zu Themen der Bioethik, deren Charakter sich, wenn ich das richtig wahrnehme, in den 1990er und 2000er Jahren noch einmal verändert. Zunächst sind die Kirchen doch eigentlich sehr stark Promotoren der Debatte, aber dann geraten sie stärker in die Defensive, weil sich die Medizinethik selbst professionalisiert und gerade auch die Philosophie, die sich plötzlich wieder den Themen der Ethik zuwendet, die Kompetenz der theologischen Ethik auf diesem Feld bestreitet. Für die strategische Zielsetzung standen die Aktivitäten, die zu dem viel beachteten ökumenischen Papier *Gott ist ein Freund des Lebens*[111] führten, danach aber geraten die Theologie

[110] Hermann Barth (1945–2017) war von 1993 bis 2006 Vizepräsident und von 2006 bis 2010 Präsident des Kirchenamtes der EKD.

[111] Gott ist ein Freund des Lebens. Herausforderungen und Aufgaben beim Schutz des Lebens. Gemeinsame Erklärung des Rates der Evangelischen Kirche in Deutschland und der Deutschen Bischofskonferenz in Verbindung mit den übrigen Mitglieds- und Gastkirchen der Arbeitsgemeinschaft christlicher Kirchen in der Bundesrepublik Deutschland und Berlin (West), hg. vom Kirchenamt der Evangelischen Kirche in Deutschland und dem Sekretariat der Deutschen Bischofskonferenz, Trier 1989 / Gütersloh 1989.

und Kirche doch immer stärker in die Defensive. Wie würden Sie das beurteilen?

WH: Es war ja nicht nur für die Kirchen und die Theologie, sondern für die Gesellschaft insgesamt eine neue Situation. Ich erinnere mich noch daran, dass wir uns für den Kirchentag 1985 in Düsseldorf, bei dem ich Präsident war, relativ kurzfristig entschieden, eine prominente Vortragsreihe zu Fragen der Gentechnik vorzusehen, mit Ernst Benda[112] als einem der Vortragenden. Das hatte eine ziemliche Resonanz; es war zu spüren, dass sich etwas Neues entwickelte. Nach den von der Friedensthematik geprägten Kirchentagen in Hamburg und Hannover zeigte der Kirchentag seine Möglichkeit, als Sensor für etwas Neues zu wirken. Daraus hat sich, wie gerade schon beschrieben wurde, ein ökumenisch relevantes Thema entwickelt. *Gott ist ein Freund des Lebens* gehört zu den Texten mit einer relativ langen Wirksamkeit, bis hin zu jüngsten Debatten wird immer wieder auf ihn Bezug genommen.

Das hat allerdings nichts daran geändert, dass es je länger, desto deutlicher auch konfessionsspezifische Differenzen gegeben hat. Nicht nur in Fragen der praktischen Auswirkungen, sondern auch sehr stark in der Frage der theologisch-ethischen Zugangsweise; das war beispielsweise im Deutschen Ethikrat deutlich zu spüren und hat in einer Reihe von Fragen zu ökumenischen Sensibilitäten geführt. Selbstverständlich akzeptiert war die Rolle der Kirchen in dem Augenblick, in dem das Thema überhaupt

112 Ernst Benda (1925–2009), Jurist und Politiker der CDU, war von 1968 bis 1969 Bundesinnenminister und von 1971 bis 1983 Präsident des Bundesverfassungsgerichts. Von 1993 bis 1995 war er Präsident des Kirchentages.

professionalisiert wurde durch die Einrichtung des Ethikrats, nicht. Das wurde ein Stück weit als institutioneller Einfluss angesehen, möglicherweise noch befördert durch die Initiative von Kardinal Karl Lehmann[113], es müssten, nachdem mit mir ein Bischof und theologischer Ethiker als Mitglied des Ethikrats benannt worden war, auch für die katholische Seite beide Positionen besetzt werden – und zwar mit zwei Mitgliedern. Auf der anderen Seite waren die Philosophen, die sich damit befasst haben, auch nicht so homogen, so dass es da im echten Sinn einen Wettkampf gegeben hätte – wenn man davon absieht, dass unbeschadet der Rolle der Theologen in solchen Gremien klar war, dass in den Stellungnahmen explizit theologische Argumente keinen Ort hatten. Die Säkularisierungsphänomene, von denen wir im Verlauf unseres Gesprächs bereits gesprochen haben, haben sich in der Bioethik-Debatte doch sehr stark so ausgewirkt, dass zwar Bundestagsabgeordnete ihre Glaubensüberzeugungen unter Umständen im persönlichen Statement bei den offenen Orientierungsdebatten des Parlaments zur Geltung brachten; aber das im Ethikrat in vergleichbarer Weise kenntlich zu machen, wäre nicht geglückt, weil es keine Möglichkeit gab, solche Argumente tatsächlich in einer Stellungnahme zu verankern. Wenn man beispielsweise über die Frage von Sterben und Tod im Zusammenhang der Hirntoddebatte redete und sogar theologische Möglichkeiten anbot, mit dem Phänomen des dissoziierten Hirntods, um den es ja bei der Organentnahme geht, theologisch umzugehen, dann wurde auch die Chance,

[113] Karl Lehmann (1936–2018) war ein römisch-katholischer Theologe, von 1983 bis 2016 Bischof von Mainz und von 1987 bis 2008 Vorsitzender der Deutschen Bischofskonferenz.

die darin lag, nicht genutzt. Insofern stimmt es, dass für die Phase der Gemeinsamen Erklärung *Gott ist ein Freund des Lebens* die Kirchen noch eine gewisse Meinungsführerschaft in dieser Debatte zeigten. Die interdisziplinäre Ausgestaltung und die Reaktion auf Säkularisierungsphänomene führten dazu, dass sich seit 2001 mit dem Beginn des Ethikrats ein anderer Typ von ethischer Argumentation durchsetzte. Zum einen sind philosophische Argumente mit einem Prae gegenüber theologischen Argumenten ausgestattet, zum anderen sind die Stellungnahmen durch eine starke juristische Dominanz geprägt, wobei man immer die Verwendbarkeit im Gesetzgebungsprozess im Auge hat.

RA: Diese juristische Dominanz ist natürlich auch deswegen Tradition und Prägung geworden, weil die bioethische Debatte über den Schwangerschaftsabbruch immer ganz eng verbunden war mit einer juristischen Debatte. Das gilt zunächst für die Gesetzesinitiativen, dann aber besonders für all die Konflikte, die durch die verschiedenen Urteile des Verfassungsgerichts zu den Novellen und Novellierungsversuchen des Paragraph 218 ausgelöst wurden. Aber zur eigentlichen kirchlichen bioethischen Lehrbildung und zur Einflussnahme im engeren Sinne wird man doch sagen müssen, dass der Protestantismus der Reformdebatte um den Paragraphen 218 seinen Stempel aufdrücken konnte, während dies dem Katholizismus im Bereich der Embryonenforschung gelungen ist. Das Embryonenschutzgesetz ist ja sehr geprägt durch eine bestimmte Form der Naturrechtstradition, die den natürlichen Fortpflanzungsprozesses zur Norm erklärt, an dem sich alle reproduktionsmedizinischen Maßnahmen orientieren sollen. Das ändert sich erst mit den Debatten im Ethikrat – aber dort können ja eben, wie gerade schon angesprochen, die konfessionellen Argumente keine rechte Kraft mehr entfalten. Liegt diese geringe Prägekraft des Protestantismus für die Debatte um den Embryonenschutz daran, dass dieser außerhalb der Figur des Empowerments der Betroffenen, was ja in dem Schwangerschaftskonflikt gut gepasst hat, für die anschließenden Debatten um Stammzellforschung, auch um die ganze Gentechnik eigentlich kein richtiges Paradigma zu Verfügung hatte? Das katholische Naturrechtsargument konnte man ja doch leichter spielen als protestantische Paradigmen der Verantwortung oder auch einer reflektierten Selbstbestimmung.

WH: Ich sehe das anders – nicht weil die entsprechenden Begründungsfiguren sich durchgesetzt haben, sondern weil es eine spezifische Zugangsweise von evangelischer Ethik gibt, die im Blick auf die heutigen Fragestellungen in der Bioethik eine bessere Alternative zur naturrechtlichen Argumentation bildet. Diese muss ja mit einer Konstruktion arbeiten, in der die Entstehung und Entwicklung menschlichen Lebens auf einen klaren Zeitpunkt reduziert werden muss, also auf die Verschmelzung von Ei und Samenzelle, und das ist eine Abstraktion. Je mehr man darüber weiß, desto deutlicher wird, dass es unter weniger ausgeprägten naturwissenschaftlichen Kenntnissen leichter war, naturrechtlich zu argumentieren, als wenn man die Komplexität wirklich kennt. Allerdings schafft das auch den Raum für eine Argumentation der evangelischen Ethik. Denn aus einer solchen Perspektive lässt sich sagen: Verantwortung ist nicht davon abhängig, dass wir einen Zeitpunkt im werdenden Leben definieren, der als Anfang dieses Lebens objektivierbar ist, sondern

Verantwortung reicht so weit wie die Reichweite menschlichen Handelns, sei es in den personalen, sei es in den beruflichen Bezügen. Deswegen vertrete ich die Auffassung, die Verantwortung von Reproduktionsmedizinerinnen und Reproduktionsmedizinern sei koextensiv mit der Reichweite ihrer tatsächlichen Handlungsmöglichkeiten. Sie können nicht sagen, die Verantwortung reduziere ich und vorher mache ich nur technische Sachen. Alle Fragen, die dann aufgetaucht sind, beispielsweise im Zusammenhang der Präimplantationsdiagnostik, konnten von daher angegangen werden. Denn es war plausibel, dass die Verantwortung weder erst dann beginnt, wenn Ei- und Samenzelle miteinander verschmolzen sind, noch erst dann, wenn implantiert wird, sondern wenn die reproduktionsmedizinische Befruchtung ins Auge gefasst und vollzogen wird. Reproduktionsmedizinerinnen und -mediziner tragen eine Verantwortung für die Embryonen, deren Entstehung sie herbeiführen und müssen verantworten, was mit ihnen geschieht. Diese Betrachtungsweise macht es nicht aus naturrechtlichen, sondern aus verantwortungsethischen Gründen schwer, aus sechs Embryonen drei auszuwählen, die mit Vorrang versehen und implantiert werden – und die anderen nicht. Das ist in den verwendeten Kategorien eine sehr andere Vorgehensweise als die naturrechtliche. Ich halte sie jedoch nicht für argumentativ unterlegen, sondern bin der Meinung, dass ein verantwortungsethischer Zugang sehr viel zur Klärung beitragen kann.

RA: Dennoch hat man ja nicht den Eindruck gehabt, dass die theologischen, kirchlichen Positionen in diesen Konflikten der 2000er Jahre um die embryonale Stammzellforschung große Resonanz ausgelöst hätten. Natürlich ist es in den sogenannten Sternstunden des Parlaments immer wieder angesprochen worden, aber letztlich dominierte doch eigentlich ein philosophisch-juristisches und ein medizinisches Paradigma in der Stammzellforschung. Das medizinische Paradigma operierte letztlich mit einem konsequenzialistisch-pragmatistischen Argument: Wir brauchen die Forschung an embryonalen Stammzellen, um ein bestimmtes Problem zu lösen, nämlich bestimmte Krankheiten zu heilen. Daneben gab es eine eher technische Debatte, in der es um den moralischen Status des in vitro gezeugten Embryos ging und wie diesem dementsprechend die Würde und die Rechte des Embryos in vivo oder gar des geborenen Menschen zugemessen werden kann. Ich hatte nicht den Eindruck, dass der Verantwortungsbegriff da wirklich eine große Durchschlagskraft bekommen hat. Vielleicht auch deswegen nicht, weil die Voraussetzung, die damit gegeben ist, nicht so richtig verfangen hat, nämlich das Selbstverständnis der Beteiligten als moralisch verantwortliche Akteure.

WH: Ja, weil das natürlich gegenläufig ist zu der gleichzeitig in der Medizin sich ausbreitenden Konzeption der defensiven Medizin, die angesichts komplexer und komplizierter Konstellationen eine verlässliche rechtliche Absicherung fordert. In einer solchen Betrachtungsweise kommt es gerade nicht darauf an, dass Ärztinnen und Ärzte ihr Handeln auf ihre persönliche Verantwortung nehmen, sondern es kommt darauf an, dass es rechtlich geregelt ist. Das beschäftigt uns ja bis zum heutigen Tag in mancherlei Zusammenhängen. Doch ich glaube, man muss dagegenhalten, auch wenn es einen Mainstream gibt, der auf Absicherung ausgeht und persönliche Verantwortung geringer schätzt als rechtliche Sicherheit. Es muss allen, die in den gesellschaftlichen Verantwortungsberufen tätig sind, auch unter komplizierten Bedingungen vor Augen stehen, dass es ohne persönliche Verantwortung nicht geht. Zugleich hat sich herausgestellt, dass manchmal schwierige Konflikte durch pragmatische Abwägungen gelöst werden können. Das geschah zum Beispiel um die Stammzellforschung, für die mit der Stichtagsregelung eine vertretbare Regelung gefunden wurde. Vertretbar fand ich selbst auch den zweiten Schritt, nämlich die einmalige Verschiebung des dafür maßgeblichen Termins. Diese Lösung wurde auf evangelischer Seite deshalb befürwortet, weil andernfalls mit großer Wucht von den Wissenschaftsorganisationen die generelle Freigabe der Forschung mit embryonalen Stammzellen verlangt worden wäre – mit der Folge, wie ich überzeugt war und nach wie vor bin, erheblicher Erosionen, was Fragen des Lebensschutzes betrifft. Insofern gebe ich zu, dass in meiner eigenen Wahrnehmung diese ganzen Kämpfe nicht vergeblich waren, sondern zu verantwortbaren Lösungen beitrugen.

HMH: Wenn wir unseren Gesprächsgang zu Kirche und Demokratie noch einmal einbeziehen, ist es ja auch Ausdruck der theologischen Lerngeschichte im Umgang mit Demokratie, dass es auf der Ebene dessen, was allgemein verbindlich sein soll, verallgemeinerbare Gründe braucht und deshalb auch eine spezifisch theologische Ethik eine Art Übersetzung benötigt in allgemein zugängliche Gründe. Zugleich muss, das ist dann ja vielleicht die Herausforderung, dieses Spezifische in der anderen Sprachform, in anderen Öffentlichkeiten noch hinreichend bewusst und präsent sein. Da hat es vielleicht die katholische Kirche einfacher mit dieser naturrechtlichen, damit schon immer juridisch angelegten Art der Argumentation. Für den organisierten Protestantismus ist es eine besonders komplexe Herausforderung, diese Doppelrolle zu spielen, theologisch distinkt zu sein und zugleich anschlussfähig an über Verallgemeinerung geführte Debatten. So gesehen ist es auch bemerkenswert, dass tatsächlich einzelne Abgeordnete in höherem Maße in öffentlichen Debatten in religiös bekennender Form agieren, bis in den Bundestag hinein. Jürgen Habermas hat einmal gefordert, deren Redebeiträge müssten aus dem Protokoll gestrichen werden, weil sie eine Verletzung der Neutralitätsgrundsätze darstellten. Die evangelische Kirche dagegen bemüht sich nach ihren Schilderungen darum, je nach Gesprächsforum das theologisch Spezifische in ein allgemein verbindliches Argument zu übersetzen. Aus dem Dilemma kommt man wahrscheinlich nicht heraus, erst recht nicht im Ethikrat. Der ist zwar geradezu darauf angelegt, ein juristisches Monopol zu brechen. Vorher hatten wir eine Konstellation, in der ethische Debatten ganz stark juridifiziert vor dem Bundesverfassungsgericht im Gewande des Verfassungsrechts ausgetragen worden sind. Die Einrichtung des Ethikrates war auch der Versuch, ethische Debatten in staatlich herausgehobener Form nicht nur in der Sprache des Verfassungsrechts auszutragen. Zugleich aber geht es doch um Politikberatung, damit um allgemeine Verbindlichkeit, und das heißt: Dezidiert theologische Argumente können dann nur mittelbar eingespielte sein, so eine Art Hintergrundgründe. Sie hatten vorher ja schon darüber berichtet, dass es Mitglieder dieses Ethikrates fast irritiert hat, dass der Theologe Wolfgang Huber in den Beratungen nicht dauernd von Gott spricht oder davon, was die Bibel sagt.

WH: Manche. Trotzdem hat mich die These von der Zweisprachigkeit solcher Vorgänge doch nie überzeugt, weil ich glaube, dass es immer noch ein und dieselbe Sprache ist, in der man argumentiert. Und dass man sich auch nicht schämen muss, wenn das, was man als Theologe sagt, auch für andere verständlich ist.

RA: Mich würde noch ein etwas grundsätzlicherer Aspekt in dieser ganzen Frage der Bioethik interessieren. Ich setze noch einmal bei dem Lebensbegriff an. Wir hatten selber ja auch eine Zeit lang an der FEST eine Arbeitsgruppe, die den Lebensbegriff genauer ausloten sollte. Ich würde sagen, dass war nur bedingt erfolgreich, weil dieser Begriff so opak ist, so vielschichtig, dass er als Orientierungsbegriff doch eigentlich untauglich ist. Nun kann man natürlich das als den eigentlichen Ertrag dieser Arbeitsgruppe werten, aber mich interessiert doch noch einmal das Gegenteil: die Frage nämlich, dass und warum der Lebensbegriff so prominent wurde als Orientierungsbegriff für die bioethischen Diskussion. Konnte man das auch aus der Beteiligtenperspektive selbst als einen gerichteten Prozess mitverfolgen, dass der Begriff stärker in den Mittelpunkt gerückt ist? Oder hat sich das einfach irgendwie so zufällig ergeben? Oder gar programmatisch als Neuaufbruch, so wie Hermann Barth das zu profilieren versuchte? Man kann ja schon sagen, dass der Begriff eigentlich kein besonderes Traditionsgut der evangelischen Ethik darstellt. Die Lebensschutzthematik, das Leben war nicht so ein zentraler Punkt, über den man nachgedacht hat. Er kommt relativ spät erst in diesen bioethischen Debatten und fokussiert jetzt eigentlich die Gesamtdebatte. Ich kann das auch noch einmal auf eine andere Weise sagen: In den Fragen des Schwangerschaftsabbruchs ist es doch sehr interessant, dass die Lebensschutzthematik seit der Kodifizierung des § 218 im Strafgesetzbuch von 1871 eigentlich nur ganz am Rande eine Rolle spielt. Dagegen dominieren die bevölkerungspolitischen Fragen, ebenso die Sozialdisziplinierung der Frauen, die Frage, ob diese eigentlich selbst bestimmen können über die Pflichten, die sie als das gebärende Geschlecht haben. Das ist viel wichtiger als die Frage des Lebensschutzes, das kommt eigentlich erst in den 1980er Jahren so ganz prominent auf als Begriff.

WH: Ja, aber das kann man auch nachvollziehen. Denn das ist die Zeit, in der die Verfügbarkeit der Grenzen des menschlichen Lebens als das eigentlich Neue wahrgenommen wird. Und dadurch stellt sich die Frage, ob menschliche Zuständigkeit tatsächlich so weit gehen kann, dass sie in einer solchen Eindeutigkeit über die Grenzen des menschlichen Lebens am Anfang und am Ende verfügt. Das scheint mir die Grundthematik zu sein. Ich habe manchmal überlegt, ob man nicht so konsequent sein müsste, nicht von Bioethik, sondern von Lebensethik zu reden, um das klar zu machen. Das wäre ein Weg gewesen, transparent zu machen, warum es für die Theologie nahe liegt, auch in diesen Zusammenhängen den Begriff der Schöpfung nicht zu vergessen. Dieser ist im Grunde nur in der parallelen Debatte im Blick auf nichtmenschliches Leben in Anspruch genommen worden und nicht im Blick auf menschliches Leben. Dabei hat der Schöpfungsbegriff im Blick auf den Menschen darin seine Stärke, dass er dann, wenn man meint, man könne über den Anfang und das Ende des menschlichen Lebens verfügen, zum Ausdruck bringt, dass dieses Leben ein Element des Unverfügbaren in sich trägt. Das kommt in dem Begriff der Schöpfung deutlicher zum Ausdruck als in dem Begriff des Lebens selber. Denn dass es die Reproduktionsmedizin gibt und dass sie erfolgreich eingesetzt wird, ändert gerade nichts daran, dass für die individuelle Person der Eintritt ins Leben in seinem Geschenkcharakter unverfügbar bleibt. Diese Unverfügbarkeit zeigt sich exemplarisch in vielen Formen des Glücks, des Staunens und der Selbsttranszendenz. Zugleich ändern die sich erweiternden Verfügungsmöglichkeiten der Wissenschaft nichts am verletzlichen Charakter, der jedem individuellen Leben eigen ist und in dem dessen Unverfügbarkeit in schmerzlicher Weise deutlich wird.

RA: Und trotzdem würde ich sagen, dass der Schöpfungsbegriff belastet ist und sich deswegen eben nicht so gut eignet. Ich glaube, man kann schon auch gesellschaftsgeschichtlich und theologiegeschichtlich sagen, warum er nicht prominenter benutzt worden ist: Gerade in Deutschland hatten wir einen massiven Kampf um den Schöpfungsbegriff, zunächst von den aggressiven Vertretern der Evolutionstheorie, dann durch dessen Nähe zu völkischen Traditionen in der ersten Hälfte des 20. Jahrhunderts, schließlich im Kontext der Kritik, die Carl Amery prominent gemacht hat, wenn er das Schöpfungsdenken für die Umweltkrise verantwortlich machte.[114] Dass man da nicht wieder hinwollte, das kann ich schon nachvollziehen. Mir leuchtet allerdings auch der Vorzug des Schöpfungsbegriffs gegenüber dem Lebensbegriff sofort ein. Der Lebensbegriff führt das Problem einer radikalen Verdiesseitlichung der religiösen, auch der theologischen Sprache und der theologischen Vorstellungswelt mit sich. Deswe-

[114] Carl Amery: Das Ende der Vorsehung. Die gnadenlosen Folgen des Christentums, Reinbek 1972.

gen bin ich mittlerweile doch sehr viel vorsichtiger im Blick auf den Lebensbegriff. Jede Transzendenzdimension droht mit ihm verloren zu gehen. Dasselbe Problem sehe ich auch, wenn der Begriff des Lebensschutzes so stark in den Vordergrund gerückt wird. Hier wird – gegen die eigentliche Intention – einer starken Säkularisierung Vorschub geleistet. Es bleibt dann eben die Reduktion auf das nackte Leben, mehr ist dann nicht mehr. Daher glaube ich, dass er letztlich für eine theologische Ethik eher auf eine problematische Fährte führt.

WH: Sie haben zu Recht drauf hingewiesen, dass mit dem Schöpfungsbegriff im Lauf der Theologiegeschichte problematisch umgegangen worden ist. Umso dringlicher wäre es eigentlich, ihn in kritischer Aufarbeitung dessen, was mit ihm geschehen ist, neu zu klären. Jedenfalls kann es nicht überzeugen, wenn wir so vollmundig von der Bewahrung der Schöpfung reden und dabei vollkommen ignorieren, dass Menschen ein Teil der Schöpfung sind. Darin sehe ich einen eklatanten Widerspruch.

5. Kultur

CA: Sie hatten vorhin für einen weiten Begriff der Öffentlichen Theologie plädiert unter Einschluss der kulturellen Dimension. Sieht man einmal von bestimmten kleineren Strömungen im Protestantismus ab, dann stellt es sich doch so dar, dass bis ins letzte Drittel des 20. Jahrhunderts hinein eigentlich eine kulturkritische Grundhaltung in der Theologie und in der Kirche dominant gewesen ist. Das hat sich dann vor dreißig, vierzig Jahren etwas entspannt und teilweise zu einem Paradigmenwechsel geführt. Ein gutes Beispiel dafür ist der 1999 begonnene EKD-Konsultationsprozess ‚Kirche und Kultur', an dem Sie als Vorsitzender der Ad-hoc-Kommission maßgeblich beteiligt waren. Er hat dann zur 2002 erschienenen Denkschrift *Räume der Begegnung – Religion und Kultur in evangelischer Perspektive*[115] geführt und auch zur Installation der ersten Kulturbeauftragen der EKD, Petra Bahr[116]. Wie würden Sie aus heutiger Sicht diesen Prozess beurteilen? Welche Motive gab es für diese Veränderung? Stimmt es, dass es sich um Paradigmenwechsel handelt oder ist das eine Fehlsicht? Welche Gründe gab es dafür? Und wie stellt sich das aus heutiger Sicht dar?

WH: Ich sage es zugespitzt: Die Notwendigkeit eines theologischen Aufbruchs zu Beginn des 20. Jahrhunderts war schon nachvollziehbar. Dass er sich aber zusätzlich einen äußeren Feind gesucht hat, und sich als Abkehr von einer theologischen Richtung vollzog, die – jedenfalls in den kämpferischen Zeiten von Karl Barth – als unvereinbar galt mit einem Ernstnehmen der Offenbarung Gottes, war in erheblichem Umfang ein Missverständnis und eine tragische Einengung des Blickfelds. Dabei muss man feststellen, dass diese Abkehr vom ‚Kulturprotestantismus' – in diesem Fall kann man sagen: glücklicherweise – auf den

---

[115] Räume der Begegnung. Religion und Kultur in evangelischer Perspektive. Eine Denkschrift der Evangelischen Kirche in Deutschland und der Vereinigung Evangelischer Freikirchen, im Auftrag des Rates der Evangelischen Kirche in Deutschland und des Präsidiums der Vereinigung Evangelischer Freikirchen hg. vom Kirchenamt der EKD, Gütersloh 2002.

[116] Petra Bahr (geb. 1966) ist Regionalbischöfin für den Sprengel Hannover in der Evangelisch-Lutherischen Landeskirche Hannovers. Von 2006 bis 2014 war sie die erste Kulturbeauftragte der EKD und Leiterin des Kulturbüros der EKD in Berlin.

Ebenen der Gemeinden und der verschiedenen kirchlichen Aktivitäten nicht eins zu eins umgesetzt wurden. Ich bin kirchlich aufgewachsen in einer Gemeinde in Freiburg, der Christuskirche, die in der Zeit des Nationalsozialismus als Ort des ‚Freiburger Kreises' stark unter dem Einfluss Karl Barths stand, aber damals wie heute von Kultur sprühte. Das hat zur Folge, dass mich an der Dialektischen Theologie die mögliche Verengung, in Form einer Distanz zur kulturellen Wirklichkeit und zum Kulturauftrag der Kirche niemals überzeugt hat. Es mag sein, dass Dietrich Bonhoeffer mich auch deshalb interessiert hat, weil er als Anhänger, ja als Freund Karl Barths ein Kulturmensch durch und durch gewesen ist. Von daher habe ich sowohl für meine eigene Theologie als auch für die kirchenleitende Verantwortung nach Möglichkeiten gesucht, eine kulturdistanzierte Engführung, soweit das nötig erschien, wieder aufzubrechen.

Zudem war dies nach meiner Erinnerung in erheblichem Umfang eine persönliche Initiative von Hermann Barth. Er legte mir nahe, in der ersten Periode, in der ich von 1997 bis 2003 Mitglied im Rat der EKD, aber nicht dessen Vorsitzender war, bei meiner Mitarbeit das Schwergewicht auf einige Themen zu konzentrieren. Zu ihnen gehörte einerseits die katholisch-evangelische Ökumene, für die ich als evangelischer Ko-Vorsitzender des Gesprächskreises zwischen katholischer Bischofskonferenz und Rat der EKD eine besondere Verantwortung übernahm. Andererseits wurde ich beauftragt, einen Konsultationsprozess über das Verhältnis von Kirche und Kultur, über die Möglichkeiten einer besseren Sichtbarkeit der kulturellen Bedeutung des christlichen Glaubens und gegebenenfalls die eine oder andere organisatorische und institutionelle Verbesserung in diesem Feld in Gang zu bringen. Die Idee bestand darin, grundsätzliche Überlegungen zur Bedeutung der Kultur für die evangelische Kirche wie auch der evangelischen Kirche für die Kultur anzustellen und dabei und zugleich Umsetzungsfragen mit im Blick zu haben. Das Verfahren eines Konsultationsprozesses hat sich gerade bei diesem Thema außerordentlich bewährt. Daran war Petra Bahr als Mitarbeiterin der FEST federführend beteiligt. Der Konsultationsprozess mündete unter anderem in eine Denkschrift, die aus diesem Prozess grundsätzliche Folgerungen ableitete. Zu den Ergebnissen gehörte die Absicht, die Erkennbarkeit des kulturellen und kulturpolitischen Engagements der evangelischen Kirche zu institutionalisieren. Es fügte sich gut, dass bald darauf im Jahr 2007 der Schlussbericht der 2005 eingesetzten Enquete-Kommission des Bundestages erschien[117]. In ihr wurde von der politischen Seite ausdrücklich erkannt und anerkannt, welches Gewicht die kulturellen Aktivitäten der Kirchen haben und was auch in quantitativer Hinsicht in unserem Land und seiner gesellschaftlichen Kultur fehlen würde, wenn das nicht weiterhin aktiv betrieben würde. Daraus leite ich übrigens ab, dass man in der jetzigen Situation nicht nur ankündigen sollte, dass man sich auf Verkleinerungen einstellt, sondern dass man stattdessen deutlich machen sollte, dass es große Bereich gibt – und dies nicht nur in der Diakonie, sondern ebenso in der Kultur –, in denen die Kirche weit über das Maß hinaus präsent ist, das man an Kirchenmitgliedern abzählen kann. Ich glaube, dass die Institution der oder des Kulturbeauftragen nicht mehr aus dem En-

[117] Schlussbericht der Enquete-Kommission „Kultur in Deutschland“. Drucksache 16/7000 der 16. Wahlperiode des Deutschen Bundestages, Berlin 2007.

semble dessen wegzudenken ist, was die EKD sich wirklich leisten muss, solange sie überhaupt auf öffentliche Präsenz als ein wichtiges Element ihres Auftrags setzt und etwas dafür tut.

CA: Ich erkenne in dem, was Sie sagen, drei Motivstränge, die miteinander zusammenhängen, vielleicht aber doch auch zu unterscheiden sind. Einmal ein theologiehistorisches Argument: Die Öffnung zur Kultur sei ein Einspruch gewesen gegen eine bestimmte Spielart der Wort-Gottes-Theologie, die es jetzt zu korrigieren galt. Ein zweiter Motivstrang könnte in der kulturtheoretischen Einsicht liegen, dass es sachliche Affinitäten zwischen Religion und Kultur im weitesten Sinne gebe und dass nicht der Eindruck entstehen darf, als würde sich das Religiöse, ganz allgemein gesprochen, nur im christlichen, vielleicht sogar liturgischen Raum artikulieren können. Und ein dritter Motivstrang könnte in der kirchenpolitischen Absicht bestehen, die Kulturmenschen, von denen Sie sprachen und von denen es ja einige in der Kirche gibt, nicht randständig werden zu lassen in der Kirche. Ist die Unterscheidung dieser drei Motive plausibel?

WH: Wenn ich zögere, dann nur unter dem Gesichtspunkt, ob man eigentlich mit den drei Motiven schon alles erfasst hat oder zusätzlich sagen müsste, dass es Religion ohne Kultur nicht gibt und auch Kultur eigentlich nicht ohne Religion. Bertolt Brecht hat einmal gesagt, wer die Bibel nicht kenne, verstehe ziemlich viel in der Literatur nicht. Das gilt ebenso für die bildende Kunst und die Musik Auch für das Verständnis mancher Filme ist eine religionshermeneutische Perspektive hilfreich. Es ist eine wechselseitige Verarmung, wenn man Religion und Kultur voneinander abtrennt. Das spiegelt sich bis zum heutigen Tag in der gelebten Praxis, etwa bei Menschen, die keine Kirchenmitglieder sind, die aber eine kulturelle Aneignung des Religiösen in ihrer Lebensgeschichte vollzogen haben und dorthin gehen, wo sie das fortsetzen können, z.B. in einen guten Kirchenchor. Hunderttausende von Menschen gehören zu Kirchenchören und Posaunenchören; das muss als zur Gestalt der Kirche zugehörig angesehen und entsprechend wahrgenommen und gepflegt werden. Bei der Gestaltung anstehender Transformationsprozesse sollte dieser Aspekt nicht vernachlässigt werden.

CA: Sie wiederholen damit die alte These, es gäbe so etwas wie ein Christentum außerhalb der Kirche. Mit dieser These sind wir aufgewachsen und ich habe auch daran geglaubt, bis wir bei unseren eigenen Forschungen zum Protestantismus in der Bonner Bundesrepublik feststellen mussten, dass wir das gar nicht substantiell ausfindig machen konnten. Personen, die dafür stehen könnten, fanden wir nicht. Entweder weisen die das von sich und sagen, wir sind gar keine Christen, erst recht nicht außerhalb der Kirche oder sie bezeichnen sich als Christen außerhalb der Kirche, sind aber faktisch Kirchenmitglieder.

RA: Und sei es nur über diese Organisationsbezogenheit einer nicht formellen Mitgliedschaft, aber doch des Mitsingens in einem Kirchenchor oder der Mitarbeit in anderen kirchlichen Gruppen.

WH: Ich habe dazu zwei Bemerkungen auf dem Herzen. Die eine heißt: Nach der Vereinigung der zwei Teile Deutschland war es interessant zu beobachten, dass jedenfalls eine Zeitlang die Auffassung, dass Gesellschaft und Staat auf christliche Werte angewiesen sind, von nichtchristlichen Menschen in den neuen Bundesländern besonders intensiv vertreten worden sind. Ja, sie waren der Meinung, selbstverständlich werden sie nie der Kirche angehören, aber die christlichen Werte müssen gesichert werden. Es ist also durchaus sinnvoll, eine Wahrnehmung dafür zu entwickeln, dass es Christliches außerhalb klar etablierter Beziehungen von Menschen zur Kirche gibt. Anders gesagt: Filme, Werke der bildenden Kunst, Gedichte, Landschaftserfahrungen sind in sich multivalent, wenn dies das richtige Wort dafür ist. Die Möglichkeit besteht durchaus, dass Einzelne das mit einer Empfindung, einem Erlebnis verbinden, das sie selber als religiös verstehen, oder von dem Interpreten sagen, es sei selbst dann noch religiös, wenn der Akteur bei der Beschreibung gar keine traditionell-religiösen Wörter verwendet. Mir ist es unangenehm, wenn das mit einem Vereinnahmungsgestus verbunden wird. Aber es ist mir angenehm, wenn es gerade nicht zu religiösem Hochmut, sondern zu religiöser Demut veranlasst. Demut ist angebracht angesichts der Intensität derjenigen Erfahrungen, die wir machen, wenn wir auf große Kunst oder erschütternde Naturschauspiele stoßen, die für uns – ich verwende einen Ausdruck von Hans Joas – eine Erfahrung der Selbsttranszendenz auslösen. In der herkömmlichen Form, in der wir Theologie betreiben, fehlt es an diesem Verständnis für Erfahrungen der Selbsttranszendenz und wir sind deswegen im Blick auf diejenigen Erfahrungen, für die wir zulassen, dass sie religiös oder christlich genannt werden, eher zu eng. Dass es Erfahrungen der Selbsttranszendenz in der Liebe gibt, und dass es nicht verkehrt ist, dafür dankbar zu sein, auch im Sinne eines Stoßgebets dankbar zu sein: Ich wünsche mir schon eine Theologie, die das ausdrücklich einräumt.

CA: Damit schließen Sie sich, wenn ich es richtig verstehe, der These an, dass das religiöse Erleben mit dem Kunsterleben darin übereinstimmt, dem Menschen in unspezifischer Genauigkeit die Erfahrung zu vermitteln, in der Welt aus der Welt zu sein. Ist denn das, das ist meine Frage, eher eine heutige Perspektive oder ist es in dem EKD-Konsultationsprozess und in der Installation der Kulturbeauftragten als ein solches Motiv auch leitend gewesen? Dann hätten ja nicht nur kirchliche, also kirchenpolitische oder strategische Motive, sondern Motive einer theologischen Öffnung leitend im Hintergrund gestanden.

WH: Nach meiner Erinnerung war es kein dominierendes Motiv. Dazu war der Konsultationsprozess zum Thema Kultur viel zu sehr eine zeitlich befristete Intervention, mit der natürlich die ganze Breite des ganzen Themas nicht abgedeckt werden konnte.

CA: Könnte man dann sagen, dass das, was Sie mit Hans Joas als Erfahrung der Selbsttranszendenz bezeichnet haben, dem Kulturmenschen Wolfgang Huber im Laufe der Zeit wichtiger geworden ist?

WH: Ja, diese Überlegung hat tatsächlich viel mit dem intensiven Austausch mit Hans Joas zu tun. Seine Überlegung, dass Prozesse der Selbstbildung und Selbsttranszendenz eine Voraussetzung dafür darstellen, dass Wertbildung sich bei den einzelnen vollzieht,[118] beschäftigt mich sehr. An diese wichtige Einsicht habe ich mich erst Schritt für Schritt herangewagt.

[118] Hans Joas: Die Entstehung der Werte, Frankfurt am Main 1997.

RA: Hat dieser Konsultationsprozess und hat auch die Einrichtung des Amts des Kulturbeauftragen, der Kulturbeauftragten dazu geführt, das Verhältnis der Kirche zur Kulturszene zu entkrampfen und zu verbessern? Wenn man auf die Geschichte der Nachkriegs-Bundesrepublik blickt, dann war das in aller Regel ein herablassendes Gegeneinander: Der vermeintliche Kulturverfall der modernen Kulturszene ist von den Kirchen – erfolglos, kann man sagen – kritisiert worden. Er hat aber, wenn ich das richtig sehe, zu einer nachhaltigen Entfremdung dieses ganzen Bereiches öffentlicher Aktivität von der Kirche geführt. Und ich kann nicht erkennen, dass sich das verbessert hätte. Vielmehr sind, wenn ich das richtig deute, sowohl die Theaterszene, aber auch die der Literatur, des Films, eigentlich in ihrer Mehrheit dezidiert anti-christlich, und zwar in der Form von anti-kirchlich. In ihren Aktivitäten bringt sie das ja auch deutlich zum Ausdruck, so dass Kirchenkritik vielleicht sogar das dominante Motiv in der Auseinandersetzung der Kulturszene mit religiösen Motiven darstellt. Diesen Aspekt müsste man in meinen Augen aufnehmen, wenn man aus heutiger Perspektive auf diesen Prozess blickt.

WH: Ja, das gibt es, aber ich habe auch gelernt, dass es nicht das Ganze ist. Es gibt das Klischeehafte im Umgang mit religiösen Symbolen auf den Bühnen, eine Banalisierung, die dabei passiert. Es gibt aber auch das ernsthafte Aufeinanderzugehen, etwa, wenn der Kulturbeauftragte der EKD Johann Hinrich Claussen in der Zeitung *Politik & Kultur*[119] mit einer regelmäßigen Kolumne vertreten ist.

---

[119] *Politik & Kultur. Zeitung des Deutschen Kulturrates* wird vom Deutschen Kulturrat herausgegeben und erscheint zehnmal jähr-

HMH: Vielleicht ist ja die Voraussetzung erst einmal, und da kann man diese Konsultation dann auch einordnen, die Anerkennung einer autonomen Sphäre der Kunst. Zwischen Religion und Kunst gibt es schon eine hohe Affinität. ‚Was und wie ist der Mensch?', das ist eine Frage, die Künstlerinnen und Künstler umtreibt und auf die die christliche Tradition eine mögliche Antwort bietet. Wenn man das einbringt, ist da schon Interesse, um diese Fragen auch gemeinsam zu ringen. Man muss nur die richtige Tonlage finden in der Begegnung zwischen Kunst und Religion, deshalb sind solche Konsultationsprozesse auch als kirchliche Lernorte wichtig, damit eben nicht im moralischen Gestus oder in dem Aufzäunen von Tabu-Zonen der Kunst begegnet wird, sondern mit einem Deutungsangebot. Fragen von Sünde, der Umgang mit Leiblichkeit, der Tod, das Sterben, die Endlichkeit, diese Themen sind ja in der Kunst permanent präsent und deshalb gibt es auch ein künstlerisches Aneignen von christlichen Beständen. Aber das als einen eigengearteten Prozess zu begreifen, der nicht gleich bewertet, sondern produktiv begleitet wird, das war ja ein Teil dieses Konsultationsprozesses – so habe ich es jedenfalls immer verstanden. Und damit war auch der Versuch verbunden, theologiepolitisch die Spaltung zwischen einer Theologie der bloßen Erfahrungen von Selbsttranszendenz und einer Theologie, in der legitime religiöse Erfahrung ausschließlich in der Christuszentrierung erfolgen kann, zu überwinden.

WH: Außerdem war es für die Kulturszene eine wichtige Erfahrung, dass wir als Menschen aus dem Bereich der

---

lich. Johann Hinrich Claussen (geb. 1964) ist Kulturbeauftragter der EKD und Leiter des Kulturbüros der EKD in Berlin.

evangelischen Kirche mit selbstverständlicher Klarheit für die Freiheit der Kunst eingetreten sind. Es war bei der Kulturbeauftragten vollkommen klar, dass es da gar nichts zu rütteln gibt und dass wir diese Eigenständigkeit und Freiheit wahren, also Autonomie tatsächlich in einem ganz strengen Sinn verstehen. Es gab und es gibt eine Verknüpfung mit dem vorher angesprochenen Islam-Thema, weil ich mich auch persönlich sowohl bei dem Idomeneo-Konflikt[120] als auch bei den sogenannten Mohammed-Karikaturen[121] ohne jede Einschränkung auf die Seite der Kunstfreiheit gestellt habe. Auch am Kulturthema kann sich zeigen, dass ein Zentralthema des evangelischen Verständnisses von christlichem Glauben es mit großen Konflikten zu tun hat. Es mag im Blick auf Klischeevorstellungen, die innerhalb der Kunstszene herrschen, überraschend sein, wenn sich herausstellt, dass Christen, recht verstanden, Anwälte der Freiheit sind. Aber so ist es.

---

[120] Die Deutsche Oper Berlin setzte 2006 eine umstrittene Inszenierung von Mozarts Oper *Ideomeneo* ab. In dem Stück geht es um den antiken kretischen König Idomeneo, der nach seiner Heimkehr vom trojanischen Krieg gezwungen ist, seinen eigenen Sohn zu opfern. In der Inszenierung von Hans Neuenfels wurden dazu die abgeschlagenen Köpfe von Poseidon, Jesus, Buddha und Mohammed gezeigt. Die Intendantin begründete die Absetzung mit Sicherheitsbedenken aufgrund von islamistischen Drohungen. Diese Absetzung stieß seinerzeit auf eine verhältnismäßig breite Kritik von Künstlern, Politikern und teils auch von Vertretern der Religionsgemeinschaften.

[121] 2005 erschien in der dänischen Tageszeitung *Morgenavisen Jyllands-Posten* eine Serie mit zwölf Karikaturen des Propheten Mohammed, die in einigen Zeitungen (darunter auch in islamisch geprägten Ländern) abgedruckt wurden. Sie provozierten gewaltsame Auseinandersetzungen, in der Folge aber auch eine internationale Debatte um die Freiheit der Kunst.

6. Kirche der Freiheit

CA: Freiheit ist ein Stichwort, das ich in anderer Form noch einmal aufnehmen will. Wir können das Gespräch ja nicht beenden, ohne über Reformperspektiven und damit auch über das EKD-Impulspapier *Kirche der Freiheit*[122] zu sprechen. Lassen Sie uns darauf aus gegenwärtiger Perspektive schauen. Wenn ich es richtig wahrnehme, dann sind die Kirchen-Reformprozesse, die die Landeskirchen im Moment vielfach, in verschiedener, aber doch verwandter Form eröffnen, ja alle geboren aus der Einsicht in die Notwendigkeit, aufgrund schwindender Ressourcen einen kirchlichen Strukturwandel einzuleiten. Begonnen werden die Diskussionsprozesse recht regelmäßig mit der Aufforderung, ganz unabhängig von Einsparungszwängen und den entsprechenden Verteilungskämpfen zunächst einmal offen, unbefangen und visionär danach zu fragen, welche Idealgestalt einer zukünftigen Kirche den Beteiligten vorschwebt – und darauf zu setzen, dass im Laufe der Debatten dann Ideen für mögliche Einsparungen gleichsam von selbst auftauchen und ihre Evidenz erweisen. So nehme ich jedenfalls die Anlage und auch die Rhetorik dieser gegenwärtigen Sparprozesse in den Lan-

[122] Im Sommer 2006 veröffentlichte der Rat der EKD das Impulspapier *Kirche der Freiheit. Perspektiven für die evangelische Kirche im 21. Jahrhundert* (herausgegeben vom Kirchenamt der EKD, Hannover 2006). Es war erarbeitet worden von einer Ad-hoc-Kommission unter der Leitung von Wolfgang Huber. Der Text wollte die vielfältigen Reformbemühungen in den Landeskirchen aufnehmen und weiterführen. Angeregt wurde ein kirchlicher Paradigmen- und Mentalitätswechsel unter der Leitfrage, wie die ‚Kirche der Freiheit' in Zukunft aussehen könne und was gegenwärtig getan werden müsse, die Kirche möglichst einladend zu gestalten. Das Papier entfachte eine anhaltende und kontroverse Diskussion.

deskirchen wahr – und auch das Problem, unvermeidlichem Streit aus dem Wege gehen zu wollen. Die erste Frage, zu der mich ihre Meinung interessieren würde, wäre, ob Sie diese Einschätzung teilen oder ihr widersprechen – und die zweite wäre, wie sich aus dieser Perspektive der Diskussionsprozess ausnimmt, der seinerzeit zu *Kirche der Freiheit* geführt hat.

WH: Die gegenwärtigen Debatten nehme ich ebenfalls so wahr, dass Strukturwandel und Sparzwang eng miteinander verbunden sind. Das ist mit der Aussage verbunden, dass wirksame Veränderungen in der Kirche ohnehin nur unter dem Zwang der Not möglich sind. Im Fall von *Kirche der Freiheit* wurde das von den einen als das eigentlich bestimmende Motiv angesehen. Andere haben die Beendigung des Vorhabens damit begründet, dass Reformbemühungen in der Kirche nur relevant sind, wenn sie aus äußerer Not entstehen. Ohne eine solche Not seien Reformbemühungen vergeblich; deshalb brauche man sie gar nicht erst anzufangen. Daher wurde die These, die *Kirche der Freiheit* dazu entwickelt hat, von vielen nicht akzeptiert. Dieser These zufolge sind finanzielle Rahmenbedingungen oder Entwicklungen in der Struktur der Kirchenmitgliedschaft Rahmenbedingungen des kirchlichen Handelns und müssen als solche ernst genommen werden. Aber sie sind nicht der Hauptinhalt des kirchlichen Handelns. Ohne diese Unterscheidung, so wurde argumentiert, dringt man gar nicht zu der Frage vor, worin der Auftrag der Kirche unter den Bedingungen der Gegenwart besteht und welche Veränderungen vordringlich sind, um diesen Auftrag angemessen wahrnehmen zu können. Dass diese Sichtweise nicht allgemein rezipiert wurde, kann man am deutlichsten daran sehen, dass der

Prozess ‚Kirche der Freiheit' in dem Augenblick beendet wurde, in dem die Prognose hieß, es komme finanziell und in der Mitgliedschaft doch nicht so schlimm, wie 2006 beim Beginn des Prozesses behauptet worden war. Es sei deshalb nicht nötig, solche aufwändigen, anspruchsvollen und mit Unmut verbundenen Reformbemühungen weiterzuführen.

Dann stellte sich allerdings heraus, dass die Phase der sieben fetten Jahre wieder zu Ende gehen würde. Daraufhin wurden vergleichbare Prognosen, wie sie bereits 2006 vorgelegt worden waren, wieder hervorgeholt; jetzt hatten sie andere Absender und konnten insofern wieder als neu angesehen werden. Nun wurde ein Strukturwandel in den Blick genommen, dessen Zielsetzung darin besteht, einfachere Strukturen, weniger Strukturen, billigere Strukturen zu schaffen, als sie zuvor bestanden. Was mich daran betrübt und womit ich theologisch nicht so leicht meinen Frieden machen kann, ist eine Haltung, in der das Kleinerwerden als ein Selbstläufer erscheint. Sicher können demografische Entwicklungen und vergleichbare Faktoren kirchlicherseits nicht unmittelbar beeinflusst werden. Aber man kann nach meiner Meinung nicht eine wissenschaftliche Expertise – die *Freiburger Studie*[123] – als Grundlage nehmen, aber eine ihrer entscheidenden Aussagen unbeachtet lassen. Nach der Analyse der *Freiburger Studie* hängen erhebliche Teile des prognostizierten Mitgliederrückgangs nicht etwa mit der Demografie, sondern mit der Wahl zwischen unterschiedlichen kirchlichen Handlungsweisen zusammen. Diese Aussage

[123] David Gutmann / Fabian Peters: #projektion2060 – Die Freiburger Studie zu Kirchenmitgliedschaft und Kirchensteuer. Analysen – Chancen – Visionen, Neukirchen-Vluyn 2021.

nötigt zu der Frage, an welchen Stellen Alternativen zur gegenwärtigen Art kirchlichen Handelns bestehen, und zu der Entscheidung, ob solche Alternativen ergriffen werden sollen oder nicht. Nur die Verschlankung der Strukturen zum Thema zu machen, kann jedenfalls nicht mit den Gutachten begründet werden, von denen man ausgeht. Man beruft sich auf eine soziologische Expertise, nimmt aber die für kirchliches Handeln eigentlich zentralen Aussagen dieser Expertise nicht so ernst, wie es durchaus erwartbar wäre.

Dass eine aufgabenorientierte Selbstprüfung schwer ist, gebe ich zu. Man kann auch sagen, *Kirche der Freiheit* sei genau an diesem Punkt innerhalb der Zeitspanne, in der dieses Vorhaben ernsthaft betrieben wurde, nicht erfolgreich gewesen. Nun hat allerdings auch niemand behauptet, dass man innerhalb von drei oder vier Jahren mit einem solchen Prozess bereits ans Ziel kommen kann. Es gab in diesem Projekt Ansätze, die inhaltlich orientiert waren und unserer Kirche nach meiner Überzeugung auf längere Sicht gut getan hätten. Aber es mag ja sein, dass solche Fragen auf anderen Wegen und in anderen Formen wiederkehren und dass unsere Kirche mit Gottes Hilfe Menschen zu erreichen sucht und erreichen wird, zu denen sie gegenwärtig nur schwer Zugang findet.

RA: Es ist ja interessant, dass es hier ein starkes Defizit theologischer Reflexion gegeben hat, und zwar gegen den Selbstanspruch, der unter Rückgriff auf die 3. These der Barmer Theologischen Erklärung häufig artikuliert wurde.[124] Letztlich sind die Reformen nur durch äußeren

[124] Karl Immer (Hg.): Bekenntnissynode der Deutschen Evangelischen Kirche Barmen 1934. Vorträge und Entschliessungen, Wuppertal-Barmen 1934.

Druck hervorgerufen worden und die Reichweite der theologischen Analysen, aber auch die Bereitschaft, Konsequenzen aus allfälligen theologischen Überlegungen zu ziehen, sind eigentlich doch sehr gering, bis heute. Allerdings gilt auch umgekehrt: Das Bild der akademischen Theologie von der Kirche hat sich nicht geändert in den anstehenden Reformen. Möglicherweise ist das aber wirklich auch ein Problem einer – wir sprachen ja schon davon – dann doch zu weit abseitsstehenden, vielleicht auch einfach zu stark traditionell ausgerichteten akademischen Theologie, die zu den Fragen kirchlicher Praxis eigentlich ganz wenig zu sagen hat.

HMH: Organisationssoziologisch ist der Prozess ja gut erklärbar. Es gibt halt in jeder Organisation starke Beharrungskräfte. Es ist unwahrscheinlich, die alleine durch intellektuelle bzw. theologische Anstrengung überwinden zu können. Im Grunde kam der ‚Kirche der Freiheit'-Prozess zu früh. Er lief in einer Phase, die bei schrumpfenden Mitgliederzahlen steigende Einnahmen mit sich brachte. Da sind Veränderungsprozesse natürlich nochmals schwieriger. Andererseits hätte man gerade in finanziell guten Phasen Gestaltungsmöglichkeiten, die sich in Krisen gar nicht ergeben. Zu den typischen Beharrungskräften kommt die Vermutung, dass manche Forderungen zu ambitioniert formuliert waren. Nehmen wir den Anspruch des ‚Wachsens gegen den Trend', das ist ja etwas anderes als ‚die eigenen Potentiale ausnutzen', um das missionarische Wirken bestmöglich in den jeweiligen gesellschaftlichen Umständen zu verwirklichen. Detlef Pollack[125] betont in seinen Ausführungen zu Säkularisie-

[125] Detlef Pollack (geb. 1955) ist Professor für Religionssoziologie in Münster.

rungsprozessen, die Kirchen hatten noch nie einen so hohen Professionalisierungsgrad, noch nie so große Finanzmittel zur Verfügung wie zuletzt und trotzdem gibt es diesen Traditionsabbruch, der in der ganzen westlichen Welt wirkt wie eine Naturgewalt. Der Diagnose muss sich die Kirche ja nicht gleich anschließen, aber sie muss schon damit rechnen, dass sie sich organisatorisch noch so ideal aufstellen kann, noch so kluge Theologie betreiben kann und trotzdem gegenläufige gesellschaftliche und kulturelle Kräfte so stark sind, dass man machtlos wirkt. Dafür hat man ja sogar noch eine theologische Sprache, nämlich das Wirken des Heiligen Geistes, der den Menschen nicht verfügbar ist.

WH: Wie die Debatte gezeigt hat, reicht es nicht, quantitative Vorgaben zu machen – das war ein Kritikpunkt an *Kirche der Freiheit* –, sondern es kommt darauf an, Menschen als Einzelne zu erreichen, wo sie eben zu erreichen sind. Doch auch dies setzt eine strukturelle Offenheit für solche Menschen voraus. Mit dieser Zielsetzung sind wir nicht so weit gekommen, wie erhofft. Dennoch möchte ich den damaligen Prozess nicht missen. Es war eine wichtige Erfahrung, die dazu verhalf, unsere Kirche von neuen Seiten kennenzulernen. Wenn es in der eigenen Biographie eine Chance gäbe, etwas derartiges noch einmal zu machen, würde ich es natürlich anders anfangen. Zugleich bin ich davon überzeugt, dass der Prozess, der jetzt in den Landeskirchen und in der EKD angefangen hat, erweiterungsfähig ist. Alle Beteiligten sollten meines Erachtens aufpassen, dass sie sich nicht nur mit Strukturanpassungen beschäftigen, sondern bedenken, welche Botschaft eine Kirche aussendet, die – außer dem alles überdeckenden Thema des sexuellen Missbrauchs – nur noch wegen Strukturanpassungen in der Zeitung steht. Strukturanpassungen bedeuten in einem solchen Zusammenhang immer, dass Strukturen abgebaut werden. Wenn man sich klarmacht, dass gerade auch die Menschen im Zentrum unserer Gemeinden diejenigen sind, die bei den Strukturanpassungen besonders argwöhnisch sind, dann sind das alles keine Botschaften, die motivieren. Soll der Argwohn überwunden werden, muss es gelingen, dass solche Strukturprozesse sich mit der Erfahrung verbinden, dass Bereitschaft zum Engagement, Lust am Evangelium und Freude an Kultur in der Kirche als noch wichtiger anerkannt werden.

Ausgewählte Literatur zu den Themenkreisen des Gesprächs

A. Texte Wolfgang Hubers

I. Zur Bedeutung Bonhoeffers – für die eigene Biographie und darüber hinaus

Dietrich Bonhoeffer. Auf dem Weg zur Freiheit. Ein Porträt, München [3]2020 (2019). – „Dem Rad in die Speichen fallen“. Dietrich Bonhoeffers Weg in den Widerstand, in: Blätter für deutsche und internationale Politik 66 (2020), Heft 4, S. 105–120.

II. Freiheit

Freiheit und Institution. Überlegungen zu einem Grundproblem der Sozialethik, in: Evangelische Theologie 40 (1980), S. 302–316. – Die Verbindlichkeit der Freiheit. Über das Verhältnis zwischen Verbindlichkeit und Freiheit in der evangelischen Ethik, in: Zeitschrift für Evangelische Ethik 37 (1993), S. 70–82. – Christliche Freiheit in der freiheitlichen Gesellschaft, in: Evangelische Theologie 56 (1996), S. 99–116. – Von der Freiheit. Perspektiven für eine solidarische Welt, München 2012. – Über die Kommunikative Freiheit hinaus, in: Kommunikative Freiheit. Interdisziplinäre Diskurse mit Wolfgang Huber, hg. von Heinrich Bedford-Strohm, Paul Nolte und Rüdiger Sachau, Leipzig 2014, S. 175–191.

III. Menschenrechte

[mit Heinz Eduard Tödt]: Menschenrechte. Perspektiven einer menschlichen Welt, München [3]1988 (1977). – Art. „Menschenrechte / Menschenwürde", in: Theologische Realenzyklopädie 22 (1992), S. 577–602.

IV. Ethik

Gerechtigkeit und Recht. Grundlinien christlicher Rechtsethik, Gütersloh [3]2006 (1996).

V. Staat, Kirche, Islam

Kirche und Öffentlichkeit, München [2]1991 (1973). – [mit Ernst Rudolf Huber] Staat und Kirche im 19. und 20. Jahrhundert. Dokumente zur Geschichte des deutschen Staatskirchenrechts. Fünf Bände, Berlin 1973–1995 (Neuauflage Darmstadt 2014).

VI. Kirche und Demokratie

[mit U. Duchrow] (Hg.): Die Ambivalenz der Zweireichelehre in lutherischen Kirchen des 20. Jahrhunderts, Gütersloh 1976. – Protestantismus und Protest, Reinbek 1987. – (Hg.): Protestanten in der Demokratie. Positionen und Profile im Nachkriegsdeutschland, München 1990. – Kirche und Verfassungsordnung, in: epd–Dokumentation, 13/2007, S. 9–20; (erneut in: Die Verfassungsordnung für Religion und Kirche in Anfechtung und Bewährung. Essener Gespräche zum Thema Staat und Kirche 42, hg. von Burkhard Kämper und Hans-Werner Thönnes, Münster 2008, S. 7–54). – Christen in der Demokratie, in: Aus Politik und Zeitgeschichte 14/2009, S. 6–8.

VII. (Öffentliche) Theologie

Der gemachte Mensch. Christlicher Glaube und Bioethik, Berlin 2002. – Der christliche Glaube. Eine evangelische Orientierung, Gütersloh [5]2009 (2008).

B. Texte von Hans Michael Heinig, Reiner Anselm und Christian Albrecht

Hans Michael Heinig: Protestantismus und Demokratie, in: Zeitschrift für evangelisches Kirchenrecht 60 (2015), S. 227–264. – Ders.: Säkularer Staat – viele Religionen. Religionspolitische Herausforderungen der Gegenwart, Hamburg 2018. – Reiner Anselm: Protestantismus und Demokratie in historischer Längsschnittperspektive, in: Hans Michael Heinig (Hg.): Aneignung des Gegebenen. Entstehung und Wirkung der Demokratie-Denkschrift der EKD. Tübingen 2017, 1–22. – Ders.: Ich glaube. Der Einzelne und die Kirche im Zeitalter der Authentizität, in: Philipp Stoellger und Martina Kumlehn (Hg.): Wortmacht / Machtwort. Deutungsmachtkonflikte in und um Religion (Interpretation Interdisziplinär, Bd. 16) Würzburg 2017, S. 315–326. – Christian Albrecht / Reiner Anselm (Hg.): Teilnehmende Zeitgenossenschaft. Studien zum Protestantismus in den ethischen Debatten der Bundesrepublik Deutschland 1949–1989, Tübingen 2015. – Christian Albrecht / Reiner Anselm u. a. (Hg.): Aus Verantwortung. Der Protestantismus in den Arenen des Politischen, Tübingen 2019. – Christian Albrecht: Theoriemotive. Trutz Rendtorff – Dorothee Sölle – Wolfgang Huber, in: Ders. / Reiner Anselm: Differenzierung und Integration. Fallstudien zu Präsenzen und Praktiken eines Öffentlichen Protestantismus, Tübingen 2020, S. 189–210.236 f.

Personenregister

Sachregister